이솝우화로 읽는
경제 이야기

이솝우화로 읽는 경제 이야기

ⓒ 서명수 2012

1판 1쇄 2012년 8월 31일
1판 8쇄 2024년 5월 27일

지은이 서명수
펴낸이 정미화
기획편집 정미화 임홍열
그린이 이동현

펴낸곳 (주)이케이북
출판등록 제2013-000020호
주소 서울시 관악구 신원로 35, 913호
전화 02-2038-3419
팩스 0505-320-1010
홈페이지 ekbook.co.kr
전자우편 ekbooks@naver.com

ISBN 978-89-968973-2-3 43320

공부는 쏙쏙, 재미는 콕콕! 일상에서 써먹는 경제 원리

이솝우화로 읽는
경제 이야기

● 지은이 **서명수** | 그린이 **이동현** ●

이케이북

Prologue

이솝은 경제 선생님

지금으로부터 2,600여 년 전 고대 그리스에 살았던 이솝은 노예 출신의 이야기꾼으로 알려져 있습니다. 하지만 그의 생애에 대해서는 이렇다 할 기록이 남아 있지 않기 때문에 그가 실존 인물이었는지조차 불분명합니다. 그가 썼다는 이솝우화의 원본도 남아 있지 않을뿐더러, 지금의 이솝우화는 인도의 전설·설화 등 여러 이야기가 섞여 있습니다.

하지만 중요한 것은 우리가 이솝우화를 통해 인간의 어리석음과 약점 그리고 삶의 교훈을 얻을 수 있다는 것입니다. 이솝우화는 그 안에 담긴 재치와 유머, 허를 찌르는 반전과 역설로 엄중한 도덕적 경고와 함께 지혜를 가르칩니다. 바로 이 때문에 이솝우화는 2,600여 년이라는 긴 시간 동안 인류의 사랑을 받았습니다.

사람들은 이솝우화가 어린이를 위한 이야기라고 생각하는데 그렇지 않습니다. 이솝우화는 어른의 처세에 관한 내용도 담고 있습니다. 나는 경제적인 관점으로 이솝우화를 읽었습니다.

경제의 다른 이름은 효율입니다. 한정된 먹이를 두고 싸우는 동물의 세계는 얼마나 효율적으로 행동하느냐에 따라 그 승패가 갈립니다. 인간의 경제생활 또한 한정된 자원을 효율적으로 활용해 만족감을 높이는 데 목적이 있습니다. 인간과 동물의 행동은 이기심이 바탕이 된 것들이 대부분입니다.

근대 경제학의 아버지라 일컫는 영국의 애덤 스미스는 경제를 움직이는 원동력은 이기심이라고 했습니다. "사람은 공익을 증진 하려고 의도하지 않으며, 얼마나 공익에 기여하고 있는지도 알지 못한다. 다만 자신의 안전과 이익을 위해 행동할 뿐이다. 이렇게 행동하는 가운데 '보이지 않는 손'에 의해 원래 의도하지 않았던 목표인 공익 증진을 이루게 된다"라고 했습니다.

　이솝우화에 등장하는 동물들도 자신의 이익 앞에서 물불을 가리지 않습니다. 행동 하나하나가 본능적으로 경제적인 계산을 통해 이루어집니다. 그래서 이솝우화에는 경제 원리들이 숨어 있습니다.

　산 나귀와 집 나귀 이야기에는 맛있는 음식을 즐기는 집 나귀를 부러워하는 산 나귀가 나옵니다. 하지만 산 나귀는 곧 그 맛있는 음식이 집 나귀가 주인에게 채찍을 맞아 가며 나르는 무거운 짐의 대가라는 사실을 알고는 '세상에는 공짜가 없다'는 교훈을 얻습니다. '세상에는 공짜가 없다'라는 말은 다음과 같이 정리할 수 있습니다.

1) 모든 경제행위에는 비용이 들어가기 때문에 선택을 발생시킨다.

2) 이 선택이 합리적이려면 비용보다 만족감(편익)이 커야 한다.

3) 이는 곧 경제의 제1원칙이다.

이 책은 지난 2005년에 출간한 《이솝우화로 읽는 경제 이야기》의 개정판입니다. 초판은 경제를 이해하는 데 꼭 필요한 기본 원리가 담긴 우화들을 소개하는 데 주안점을 두고 내 나름의 시각으로 재해석했습니다. 어떤 우화는 일반적으로 알려진 것과는 전혀 다른 해석을 달기도 했습니다. 책의 취지가 도덕적 교훈이 아니라 이기심의 경제적 의미를 전달하는 것이었기 때문입니다. 초판의 독자들께서 이솝우화를 통해 경제 원리와 실생활의 경제를 쉽게 이해할 수 있었다고 전해 왔습니다. 특히 청소년 독자들로부

터는 어려운 경제 공부가 재미있어졌다는 소식을 듣고 무척 뿌듯
했습니다. 그래서 이번 개정판에는 콘텐츠를 대폭 보강하고 미진
했던 부분을 보완하면서 우화를 여러 편 추가했습니다. 부디 많
은 독자들로부터 겉옷뿐만 아니라 내용도 충실해졌다는 평가가
나오기를 기대합니다.

　　모든 사물과 현상은 그 기본을 알면 쉽게 이해할 수 있는 법입
니다. 경제도 '기본기'를 닦는 게 중요합니다. 경제 이론처럼 복잡
하고 어려운 것도 없습니다. 하지만 몇 가지 기본 원리만 터득하
면 수월하게 정복할 수 있습니다. 우리를 골치 아프게 하는 경제
는 책상머리에서 배우는 고리타분한 학문이 아닙니다. 경제는 합
리적이고 효율적인 생활을 이끌기 위한 실용 지식입니다. 그렇기

때문에 생활의 슬기와 인간에 대한 통찰이 담겨 있는 이솝우화는 경제 공부를 위한 훌륭한 소재가 될 수 있는 것입니다. 아무쪼록 이 책이 학생들이나 경제에 관심이 많은 독자들에게 좋은 길잡이가 됐으면 하는 바람입니다.

책 내용 구성과 디자인에 대해 조언을 아끼지 않은 〈중앙일보〉 심의실 동료들과 책 출간에 불철주야 애를 써 주신 ㈜이미디어그룹의 편집부 여러분께 감사의 말을 전합니다.

2012년 8월
서명수

차례

2장 세상을 움직이는 돈

 # 4장 살아 있는 경제 이야기

1장

경제의 기본 원리

경제에는
공짜란 없다

배고픈 산 나귀와 배부른 집 나귀

거칠고 험한 산에 사는 나귀 한 마리가 있었습니다. 산 나귀는 이곳저곳 돌아다니며 자유롭게 살았습니다. 다만 가끔 무서운 동물에게 쫓기거나 먹을 양식이 부족해 배가 고픈 것이 문제였습니다.

그러던 어느 날 산 나귀는 양식을 구하러 가까운 마을에 갔습니다. 마을의 한 목장에는 집 나귀 한 마리가 따사로운 햇살을 받으면서 한가롭게 풀을 뜯고 있었습니다. 산 나귀는 그 모습이 무척이나 행복해 보였습니다. 산 나귀는 부러운 눈으로 집 나귀를 바라보며 말했습니다.

"너는 먹이를 찾아 돌아다니지 않아도 되겠구나. 목장에서 이렇게 싱싱한 풀을 마음껏 뜯어먹을 수 있으니 참 행복하겠어!"

집 나귀는 산 나귀의 얘기를 듣고도 고개도 돌리지 않고 풀만 계속 뜯었습니다. 산 나귀는 제대로 먹지 못해 비쩍 마른 자신의 다리를 내려다보며 나무 그늘 아래로 가서 지친 몸을 뉘었습니다. 그런데 그때 어디선가 무서운 나귀 몰이꾼이 나타나 풀을 뜯던 집 나귀를 끌고 어딘가로 데리고 갔습니다. 아직 배가 차지 않은 집 나귀가 잠시 머뭇거렸습니다. 몰이꾼은 나귀의 살찐 엉덩이를 마구 내리치며 무거운 짐을 잔뜩 지게 했습니다. 이 광경을 지켜보고 있던 산 나귀는 몸을 부르르 떨며 말했습니다.

"저런! 난 이제 집 나귀가 부럽지 않아. 편하게 잘 먹는 대신에 그만큼의 대가를 채찍으로 치르는구나."

산 나귀와 집 나귀의 이야기를 통해 우리는 모든 일에는 대가가 따른다는 것을 알 수 있습니다. 산 나귀는 배부르게 먹는 대신 열심히 일해야 하는 집 나귀의 삶을 통해 세상에 공짜란 없다는 것을 깨닫게 되었죠.

인간의 욕망은 무한하고 욕망의 대상인 물건은 유한합니다. 물건을 얻기 위한 수단인 돈이나 시간과 같은 자원도 한정되어 있습니다. 필요한 물건을 얻기 위해서는 다른 하나를 포기하거나 희생해야 합니다. 대가를 치러야 한다는 말이죠. 이러한 과정을 '경제행위'라 말할 수 있습니다. 경제행위의 핵심은 '선택'입니다. 그리고 거기에는 반드시 대가가 따르죠.

선택과 비용은 경제의 핵심

이 '대가'를 경제학에서는 비용이라고 합니다. 비용에는 눈에 보이는 유형의 대가와 눈에 보이지 않는 무형의 대가가 있습니다. 경제학자들은 서양 속담인 '공짜 점심은 없다'라는 말을 변용해 '경제에는 공짜 점심이 없다'고들 하죠. 경제행위에는 언제나 비용이 발생합니다. 이것은 무척이나 중요한 얘깁니다. 영어 공부를 할 때 알파벳처럼, 경제 공부를 하면서 꼭 알아 두어야 할 기초입니다!

들판에 무한정 널려 있는 풀을 먹고 사는 산 나귀보다는 편안한 환경과 맛 좋은 양식을 얻기 위해 일을 하는 집 나귀의 삶이 경제행위에 가깝다고 볼 수 있습니다. 집 나귀는 대가를 치르고 무언가를 얻기 때문이죠. 경제행위를 통해 좋은 결과를 얻기 위해서는 먼저 합리적인 선택을 해야 합니다. 경제행위로 얻은 가치(이익)가 포기한 욕구의 가치(비용)보다 커야 한다는 말이죠.

집 나귀는 좋은 환경과 맛있는 음식에서 얻는 만족감이 크기 때문에 짐을 지고 채찍을 맞는 고통을 감수하는 겁니다. 그렇지 않다면 주인으로부터 도망쳐 무서운 짐승들이 날뛰는 산이나 들에서 풀을 뜯어먹으며 살겠죠.

사람이 하는 거의 모든 행위는 경제행위라고 볼 수 있습니다. 부모님이 주신 용돈은 여러분의 향상된 성적에 대한 보상이라는 점에서 경제행위입니다. 여러분이 학교에서 공부를 하는 것도 경제행위에 속합니다.

우리나라는 현재 초등학교에서 중학교까지 의무교육을 실시하고 있습니다. 따로 돈을 내지 않아도 학교에 다닐 수 있죠. 나라에서 교육비를 내기 때문입니다. 그런데 그 교육비는 어디서 나오느냐? 바로 부모님이 땀 흘려 번 돈에서 나옵니다. 부모님이 낸 세금을 정부에서 예산으로 편성해 그중에서 교육에 필요한 만큼의 돈을 교육 예산으로 책정합니다. 그러니 우리가 학교에 다니는 것은 공짜가 아닙니다. 어때요? 더 열심히 공부해야겠다는 마음이 드나요?

공짜 점심은 없다

　미국의 서부 개척 시대에 있었던 일입니다. 당시 술집에서는 술을 많이 마신 단골손님들에게 공짜로 점심을 대접했어요. 그런데 어느 날 술이 덜 취한 손님 한 명이 계산을 치르고 가게 밖으로 나와 가만히 생각해 보니 자기가 낸 돈에 이미 점심 값이 포함되어 있다는 것을 알게 되었죠. 그 일이 있은 후로 그곳 사람들은 '공짜 점심은 없다'라는 말을 사용하게 되었답니다.

　일상생활에서 대가 없이는 아무것도 할 수 없죠. '경제에는 공짜가 없다'라는 말은 노벨 경제학상을 받은 미국의 경제학자 폴 새뮤얼슨(Paul Anthony Samuelson, 1915~2009)이 한 말이에요. 경제활동은 비용이 들어가지 않는 곳이 없다는 것을 알려주죠.

갈등의 원인이 된
희소성

목마른 사자와 멧돼지의 싸움

뜨거운 햇볕이 쨍쨍 내리쬐는 무더운 여름날이었습니다. 더위에 지친 사자와 멧돼지가 시원한 물로 갈증을 달래기 위해 옹달샘을 찾았습니다. 옹달샘에는 언제나 수정처럼 맑고 차가운 물이 퐁퐁 솟아났습니다. 하지만 그 옹달샘은 덩치 큰 두 짐승이 함께 물을 마시기에는 너무 작았습니다. 먼저 사자가 으르렁거리면서 멧돼지에게 말했습니다.

"이 더러운 돼지야! 옹달샘에서 어서 비켜. 내가 먼저 물을 마셔야겠다."

그러나 멧돼지는 조금도 지지 않았습니다.

"뭐라고? 너야말로 내가 물을 다 마실 때까지 기다리는 편이 좋을걸."

서로 먼저 물을 마시려고 하던 사자와 멧돼지는 마침내 몸싸움을 벌였습

니다. 사자는 날카로운 이빨과 발톱을 이
용해 멧돼지를 공격했고, 멧돼지는 단
단한 송곳니를 앞세워서 격렬하게 싸웠
습니다.

이 둘은 그렇게 한참 동안이나 싸우
다가 자신이 목이 말라 옹달샘을 찾은 사
실조차 잊어버렸습니다. 정신없이 싸우
던 사자와 멧돼지는 잠시 숨을 고르기
위해 싸움을 멈췄습니다. 그리고 문득

둘이 같이
마시기엔 샘이
너무 작아.

하늘을 바라보자 사자와 멧돼지가 싸움에 지쳐 죽기만을 기다리는 독수리를 발견했습니다.

그제야 사자와 멧돼지는 정신이 번쩍 들었습니다. 서로 물을 먼저 먹기 위해 싸우다가 하마터면 독수리에게 목숨을 잃을 뻔했다는 사실을 깨달았습니다. 사자가 숨을 헐떡이며 멧돼지에게 말했습니다.

"이렇게 싸우다가 독수리의 먹이가 되느니 물을 조금씩 나눠 마시도록 하자."

"그래, 네 말이 맞아."

어느 사회에서나 필요한 것을 얻기 위해 갈등과 싸움이 일어납니다. 모두가 원하는 것을 만족할 만큼 얻을 수는 없습니다. 사람들이 싸우고 전쟁을 벌이는 이유는 사람들의 욕망이 무한하지만 그 욕망을 채워 줄 수 있는 대상(재화·서비스 등)은 부족하기 때문입니다.

이처럼 한정된 물건이 가지는 가치를 경제용어로 '희소성'이라고 합니다. 이 희소성은 인간의 욕망 때문에 생긴다고 볼 수 있습니다. 재화나 서비스가 사람들의 욕망을 채워 줄 수 있을 만큼 충분하다면 경제행위는 일어날 수 없습니다. 그렇기 때문에 희소성은 경제행위의 매우 중요한 원인이라고 볼 수 있습니다.

재화는 '자유재'와 '경제재'로 구분할 수 있습니다. 자유재는 우리가 따로 대가를 지불하지 않아도 마음껏 쓸 수 있는 재화를 말합니다. 예를 들어 물과 공기 같은 것들입니다.

경제재는 양이 제한돼 있어서 마음껏 쓸 수 없는 재화를 가리킵니다. 돈을 줘야만 살 수 있는 재화들은 모두 경제재라고 해도 무방합니다. 다이아몬드와 금 같은 보석들이 좋은 예가 되겠죠.

자유재의 경우는 희소성이 없는 것이나 마찬가지이기 때문에 희소성에 대해 생각할 때는 그 재화가 경제재라야 한다는 전제조건이 붙습니다. 하지만 돈을 지불하는 경제재라고 모두 희소성이 있는 것은 아닙니다. 예를 들어 자동차는 돈을 많이 지불해야 얻을 수 있는 경제제입니다. 하지만 자동차는 희소성과는 거리가 멉니다. 마음만 먹으면 무한정 생산해 낼 수 있기 때문입니다. 자동차 자체보다는 차라리 자동차 생산에 필수적인 철이 희소성이 있습니다. 컴퓨터나 핸드폰도 마찬가지입니다. 이들은 경제재에 속하지만 희소성과는 거리가 멉니다.

정리를 하겠습니다. 공기는 아직까지는 무한정으로 쓸 수 있고, 금은 그렇지 않습니다. 금을 가지려는 사람은 많지만 생산량이 적습니다. 때문에 희소성을 가집니다. 생산이 잘 안 될수록 귀하신 몸이 되겠죠.

희소성은 경제활동의 동기

이제 희소성과 가격의 관계를 살펴보도록 하겠습니다. 희소성이 크면 가격은 비쌉니다. 같은 양의 다이아몬드와 금을 비교했을 때 매장량이 적은 다이아몬드는 수천만 원씩 하지만 금은 수만 원에 불과합니다. 그리고 같은 물건이라도 그것을 쓰는 사람이 처해 있는 환경에 따라 가격이 달라지기도 합니다. 아프리카와 북극에서 털모자의 가격은 다를 수밖에 없겠죠? 서울과 사하라 사막의 생수 가격, 열대지방과 한대지방의 냉장고 가격은 다를 수밖에 없습니다.

다음과 같은 경우도 생각해 볼 수 있습니다. 어느 섬나라에 바나나 나무가 100그루, 야자나무가 10그루 있다고 할 때 어떤 게 더 희소성이 클까요? 수적으로 생각했을 때는 10그루밖에 없는 야자나무가 더 희소성이 클 것 같습니다. 하지만 이 섬나라 사람들이 주로 바나나를 먹고 산다면 100그루나 되는 바나나 나무의 희소성이 10그루밖에 없는 야자나무보다 클 것입니다. 이처럼 희소성이란 사회적·자연적 환경의 차이나 사람들 간의 욕구 차이에 따라 달라지는 상대적 개념입니다.

경제에서는 희소성으로 인해 수많은 문제가 발생합니다. 석유를 예로 들어 보죠. 옛날에는 주로 석유를 연료로 썼습니다. 그런데 지금은 화학제품은 물론 생활필수품을 만드는 데도 석유를 이용합니다. 그러다 보니 더 많은 석유가 필요해졌습니다. 하지만 석유를 사려고 하는 사람은 많아도 그만큼 석유를 생산할 수는 없었습니다. 석유 생산량을 늘리려고 해도 그게 마음대로 잘 안 되기 때문입니다. 결국 석유 가격은 하루가 다르게 치솟고 석유 자체도 고갈 위기에 처했습니다. 이와 같은 일이 발생하는 원인은 결국 석유가 가진 희소성에 있습니다.

석유의 희소성이 커질수록 사람들은 이를 대신할 대체에너지를 개발하게 됩니다. 원자력과 풍력, 조력 발전이 이에 해당합니다. 이러한 대체에너지들은 석유의 희소성을 완화시켜 석유 값 안정에도 크게 기여하고 있습니다.

희소성을 해결하는 과정에서 생산 기술이 크게 향상되기도 합니다. 사람들은 적은 비용과 시간으로 양이 한정된 자원을 최대한으로 이용하기 위해서 수많은 방법들을 찾았습니다. 이러한 노력은 새로운 기술을 개발해 경제 발전에도 크게 기여했습니다.

사자와 멧돼지 이야기처럼 희소성 문제를 해결하는 가장 좋은 방법은 모두가 조금씩 양보하는 것입니다. 만약 사자와 멧돼지가 서로 더 먹겠다고 싸움을 계속했다면 둘은 모두 독수리의 밥이 되었을 수도 있습니다. 서로가 자기 욕심을 채우려다 가장 나쁜 결과를 맞을 수 있기 때문입니다.

희소성과 경제활동

희소성을 가진 자원을 지혜롭게 사용하기 위해 경제학자들은 다음과 같은 물음을 가져 보라고 합니다. 선택에 따라 대가가 달라지기 때문이죠.

1. 무엇을 얼마나 생산할 것인가?

한 시간이 주어졌을 때 책을 볼 것인지, 방을 청소할 것인지, 부모님의 일을 도울 것인지 잘 선택해야 합니다.

2. 어떻게 생산할 것인가?

방을 청소하기로 했다면 직접 쓸고 닦을 것인지, 청소기를 이용할 것인지, 청소 용역 회사를 부를 것인지 잘 선택해야 합니다.

3. 누구를 위해 생산할 것인가?

직접 쓸고 닦기로 했다면 내 방을 청소할 것인지, 부모님 방을 청소할 것인지, 동생 방을 청소할 것인지 잘 선택해야 합니다.

기회비용이란
무엇인가?

토끼를 사냥할까? 사슴을 사냥할까?

나이가 많아서 사냥을 제대로 하지 못하는 사자가 있었습니다. 어느 날 사자는 먹잇감을 찾으러 하루 종일 들판을 헤매고 돌아다녔습니다. 먹이도 잡지 못하고 지친 사자는 그늘에서 쉬기 위해 나무가 있는 곳으로 갔습니다. 그런데 우연히 그 나무 밑에 깊은 잠에 빠져 있는 토끼를 발견했습니다.

"이런 곳에서 토끼가 자고 있다니!"

뜻밖의 행운을 만난 사자는 기분이 좋아서 어쩔 줄 몰랐습니다. 사자는 토끼를 사냥하기 위해 살금살금 기어갔습니다. 그런데 바로 그때, 아주 가까운 곳에서 풀을 뜯어먹고 있는 사슴을 발견했습니다.

"이건 또 뭐야? 내가 좋아하는 사슴이잖아!"

사슴은 사자가 옆에 있다는 것을 눈치 채지 못했습니다. 또 다른 행운을 만난 사자는 토끼와 사슴 중 어떤 것을 사냥해야 좋을지 몰라서 잠시 망설였습니다. 토끼는 정신없이 잠들어 있었기 때문에 사냥하기가 쉬웠고, 사슴은 덩치가 커서 먹을 것이 많았습니다. 사자는 둘 다 놓치기 아까웠습니다.

"그래, 기왕이면 크고 맛있는 놈으로 식사를 해야지."

결국 사자는 잠자는 토끼를 두고 사슴을 향해 재빨리 달려갔습니다. 늙은 사자가 있는 힘을 다해 사슴을 쫓았지만 워낙 발이 빠른 사슴이라 잡을 수가 없었습니다.

어쩔 수 없이 사슴을 단념한 사자는 토끼가 자고 있던 나무로 다가갔습니다. 그런데 잠자고 있던 토끼가 사라져 버리고 없었습니다. 사자와 사슴의 발소리를 듣고 잠에서 깨어 도망갔기 때문입니다.

때 때로 인간은 이 사자와 비슷하게 행동합니다. 작은 이익보다는 큰 이익에 유혹당해서 비교적 쉽게 가질 수 있는 것조차 갖지 못하고 후회하는 경우가 있습니다. 우리는 앞에서 선택의 문제가 생기는 것은 희소성 때문이라고 배웠습니다. 경제 행위는 선택의 연속입니다. 그리고 이 선택은 곧 다른 것을 포기한다는 뜻입니다.

사자처럼 산토끼와 사슴 중 하나를 선택해야만 할 때는 어떤 것이 이익이 되는지를 잘 따져 보고 골라야 합니다. 만약 사자가 사슴을 따라잡을 수 없다는 것을 깊게 생각해 보고 행동했더라면 최소한 토끼는 건질 수 있었을 것입니다.

선택을 할 때 반드시 고려해야 하는 것이 '기회비용'입니다. 기회비용은 '하나를 선택함으로써 포기해야 하는 것의 가치'입니다. 이것은 매우 중요한 경제 개념입니다.

사자에게 있어 사슴의 기회비용은 토끼였습니다. 토끼와 사슴 중에 먹잇감으로는 사슴이 더 좋죠. 그래서 사자는 사슴을 쫓아 갔습니다. 하지만 다 잡아 놓은 토끼를 잃어버렸을 경우의 기회비용은 따져 보지 않았습니다. 사자의 손해는 사슴을 놓친 것에서 끝나지 않습니다. 거기에 사슴을 택한 대신 토끼를 놓치게 된 것도 더해집니다. 결국 토끼라는 기회비용까지 합해 이중으로 손해를 본 것이나 마찬가집니다. 우리는 경제행위를 할 때 반드시 기회비용을 생각해서 행동해야 합니다.

기회비용은 의사 결정이나 행동, 어떤 선택을 하는 동기를 설명해 주는 중요한 원리입니다. 자신의 선택으로 얻은 이익이 기회비용보다 크면 잘한 것이라고 볼 수 있지만 반대의 경우라면 잘못한 것이 되겠죠. 그래서 경제행위를 할 때에는 일반적인 비용과 더불어 그것을 선택함으로써 잃게 되는 기회비용도 꼭 생각해야 합니다.

기회비용은 경제성을 측정하는 바로미터

어느 돈 많은 부자가 1억 원을 가지고 연 4% 이자를 주는 은행 예금을 할까, 공장을 지을까 고민하다가 공장을 짓기로 결정했습니다. 이 공장은 옷을 생산해 매년 300만 원을 벌었습니다. 그럼 공장을 세운 게 잘한 행동일까요? 그렇지 않습니다. 만약 1억 원을 은행에 넣어 두었더라면 매년 400만 원의 이자를 받을 수 있었을 테니까요. 이때 공장을 지은 1억 원에 대한 기회비용은 예금 이자 400만 원입니다. 결국 이 부자는 매년 300만 원을 버는 게 아니라, 오히려 100만 원을 손해(수입 300만 원에서 기회비용 400만 원을 뺀 값) 본 셈입니다.

우리의 일상적인 행동에도 기회비용 원리가 작용합니다. 친구가 만 원짜리 점심을 사는 경우를 생각해 보죠. 다른 용도로 사용할 수 있는 돈으로 점심을 샀기 때문에 그 점심의 기회비용은 친구가 포기한 다른 어떤 것입니다.

친구가 그 돈으로 책을 한 권 살 수 있었다면 점심의 기회비용은 책 한 권의 값입니다. 그런데 점심을 먹은 친구가 배신을 했다면 이 친구는 점심값만 날리는 것이 아니라 점심값에 책 한 권의 값, 즉 기회비용을 합한 금액만큼 손해를 보게 됩니다. 다시 말해 친구의 배신에 따라 입게 된 경제적 손실은 점심값 만 원에 기회비용인 책값 만 원을 더한 2만 원이 됩니다.

기회비용과 매몰비용

매몰비용은 다 써 버려서 회수할 수 없는 비용을 말합니다. 이미 떠나간 버스라는 말이죠. 경제학에서는 어떤 새로운 선택을 할 때 이전의 매몰비용에 연연해서는 안 된다고 가르칩니다. 기회비용과는 정반대의 개념이라서 그릇된 의사결정을 하기 때문입니다. 매몰비용은 기회비용이 0인 경우입니다.

예를 들어 볼게요. 영화를 보러 극장에 갔습니다. 표를 끊고 팝콘과 콜라를 사서 영화를 보고 있었습니다. 그런데 영화가 생각보다 재미가 없었습니다. 그 시간에 차라리 공부를 하는 게 낫겠다는 생각이 들었습니다. 그래서 조용히 극장 밖으로 나가려다가 표 값이 아깝다는 생각이 들었습니다. 하지만 경제 이론적으로 보면 영화 표와 팝콘, 콜라를 사는 데 들어간 돈은 이미 써 버린 매몰비용입니다. 때문에 당장 그 자리를 떠나 공부를 하는 게 합리적인 선택입니다.

그러나 대부분의 사람들은 이미 써 버린 돈이 아까워서 끝까지 참고 영화를 봅니다. 매몰비용을 이해하지 못한 탓이죠. 영화 표와 콜라, 팝콘은 이전의 상태로 회복할 수 없습니다. 이것에 연연해 만족스럽지도 않은 영화를 계속 보는 것은 합리적이지 못한 선택입니다.

최소비용으로
최대효과를 노려라

사자 한 마리가 황소 세 마리를 사냥하는 방법

황소 세 마리가 숲 속에서 사이좋게 살고 있었습니다. 그 근처에는 사자 한 마리가 살았습니다. 사자는 황소를 잡아먹으려고 호시탐탐 기회만 노리고 있었습니다. 하지만 황소들은 항상 함께 행동했기 때문에 사자 혼자 힘만으로는 상대할 수가 없었습니다. 황소 한 마리를 잡아먹기 위해 가까이 다가가면 다른 황소가 달려들어 뿔로 받으려고 했고, 그 황소를 쫓아가면 다시 또 다른 황소가 달려들곤 했습니다.

사자는 몰려다니는 황소들을 공격하지 않고 이간질을 해서 따로따로 공격하는 것이 좋겠다고 생각했습니다. 사자는 황소들을 찾아가 말을 걸었습니다.

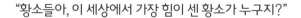

"황소들아, 이 세상에서 가장 힘이 센 황소가 누구지?"

황소들은 제각기 자기가 힘이 세다고 말했습니다. 그러자 사자가 황소들을 쳐다보면서 말했습니다.

"그렇게 말만 해서 알 수 있겠니? 아무래도 이 중에는 가장 힘이 센 황소가 없는 것 같구나."

사자는 고개를 저으면서 그 자리

를 떠나려 했습니다. 그러자 황소들은 서로 자기 힘이 제일 세다면서 다투기 시작했습니다. 결국 황소들은 서로 뿔을 부딪치면서 치열하게 싸웠습니다. 힘이 엇비슷한 황소들의 싸움은 쉽게 끝나지 않았습니다. 사자의 계획대로 황소들은 사이가 아주 나빠져서 더 이상 함께 다니지 않았습니다. 기회를 노리던 사자는 마음 놓고 황소를 잡아먹을 수 있었습니다.

이 이야기에서 사자는 아주 경제적인 동물입니다. 자기 힘만 믿고 황소 무리를 공격했다가는 도리어 화만 입었을 것입니다. 황소 한 마리가 사자를 이길 수는 없지만, 세 마리가 한꺼번에 덤비면 제아무리 동물의 왕인 사자도 당할 재간이 없었을 테니까요.

어떤 목적을 달성하는 과정에서 시간과 비용, 노력을 가능한 적게 들이면서 효과를 크게 하려는 것은 자연의 법칙입니다. 비용은 최소한으로 줄이고 효과는 최대한으로 높이려는 것입니다. 최소비용과 최대효과는 인간의 의사 결정과 행동을 지배하는 법칙이자 경제 공부에서 반드시 이해해야 할 원칙이기도 합니다.

예를 들어 '소고기가 먹고 싶다'는 욕구가 생겼다고 합시다. 이 경우 어떻게 행동해야 할까요? 소를 사고파는 우시장에 가서 직접 한 마리를 살까요? 아니면 도매 시장에 가서 살까요? 또는 동네 정육점에 갈까요? 설마 소를 직접 키워서 잡아먹겠다는 계획을 세우는 사람은 없겠죠? 아무튼 이 욕구를 채우는 데는 여러 방법이 있습니다. 이때 사람들이 공통적으로 생각하는 것이 바로 앞에서 말한 '최소비용으로 최대효과'를 내는 것입니다. 하지만 이런 욕구를 실현시키는 일은 결코 쉽지 않습니다. 나뿐만 아니라 거의 모든 사람이 최소비용으로 최대효과를 내기를 바라기 때문입니다. 좋은 소고기는 사람들이 많이 찾기 때문에 비쌀 수밖에 없습니다.

최소비용으로 최대효과를 낸다는 것은 약육강식의 동물의 세계에서는 가능할지 몰라도, 합리적인 사고를 하는 인간 사회에서는 개념으로만 존재할 뿐입니다. 따라서 경제학자들은 이를 '최소비용으로 최대효과를 본다'는 식의 인과관계로 설명하지 않고 별개의 원칙으로 구분합니다.

먼저 최소비용 원칙은 일정한 효과를 올리는 데 가장 적은 비용이나 희생을 지불하는 것을 말합니다. 어느 기업이 물건 100개를 만들어 달라는 주문을 받았습니다. 기업은 당연히 물건 100개를 만드는 데 필요한 비용을 가장 적게 하려고 노력하겠죠? 남는 만큼 이익이니까요.

최대효과 원칙은 일정한 비용으로 가장 큰 효과를 올리는 것을 말합니다. 가뭄이 들어 음식 재료를 하루에 10kg밖에 공급받지 못하는 음식점이 있다고 칩시다. 이 음식점은 음식 재료를 절약하는 지혜를 짜내서 가능한 많은 음식을 만들려고 노력할 것입니다.

최소비용 + 최대효과 = 합리적인 선택

최소비용, 최대효과 원칙은 비용과 효과가 일정하지 않을 때 그 차이를 최대로 하는 것을 말합니다. 비용과 효과를 적절히 조절해 최대한의 이익을 추구하는 것이죠. 단순히 최소비용으로 최대효과를 본다는 것과는 분명한 차이가 있습니다. 예를 들어 어떤 가게에 종업원이 5명 있을 때 하루 매상이 10만 원이고 3명 있을 때 5만 원이라면, 종업원을 5명 고용했을 때 더 큰 수익을 얻을 수 있습니다. 이 경우처럼 비용과 효과를 잘 조절하면 더 큰 이익을 얻을 수 있답니다.

다만 최소비용, 최대효과 원칙에는 한 가지 전제가 있습니다. 부적법하고도 강제적인 방법을 사용하지 않는다는 것입니다. 이를테면 어떤 농부가 수확한 지 오래된 채소를 일반 가격의 절반 수준으로 팔고 있다고 합시다. 이 농부의 경제행위는 최소비용의 원칙에 해당합니다. 그러나 채소가 신선하지 않다는 사실을 안 사람들은 그 농부의 채소를 사 먹지 않습니다. 값이 싸다고 사 먹었다가는 당장 탈이 날 게 뻔하니까요.

농부는 돈벌이가 안 돼 굶을 처지에 놓이게 됐습니다. 보다 못

한 정부가 불쌍한 농부를 구제한다는 명분으로 그 채소를 대신
사 주었습니다. 정부는 약자 보호 차원에서 어쩔 수 없이 그렇게
했지만, 채소를 사들인 돈은 국민의 세금에서 나온 것이죠. 그러
므로 결국 사람들이 농부에게 도움을 주었다고 봐야겠지요.

이 농부처럼 적절하지 않게 이용한 최소비용의 원칙은 불필요
한 사회적 비용을 낳는답니다. 정부는 시장이 제대로 돌아가지
않을 때 개입해서 정상적으로 작동시켜야 하고 부정한 방법이 동
원됐는지 아닌지 엄격하게 따져야 합니다.

경제의 기본 원칙

'기회비용', '최소비용과 최대효과', '희소성'은 경제에서 가장 기본
이 되는 원칙들입니다. 이들 원칙만 제대로 이해했다면 경제 공부는
다 한 것이나 마찬가지입니다. 여기서 다시 한 번 정리해 보죠. 인간
의 경제행위는 부족함, 즉 '희소성'이라는 전제에서 출발합니다. 희
소성 때문에 선택이 발생하고 대가를 치러야 합니다. '경제에는 공짜
가 없다'라는 말은 여기서 나옵니다. 선택을 할 때는 반드시 기회비
용을 따져서 합리적인 선택을 해야 합니다. 합리적인 선택이란 비용
을 최소로 하고 효과를 최대로 하는 행위입니다.

경제는 인간의 삶을 지나치게 계산적으로만 본다고 생각할 수 있습니다. 하지만 우리 생활은 오히려 경제를 빼놓고는 설명할 수가 없습니다. 그렇기 때문에 손해와 이득의 여부를 따져 보고 행동하는 습관이 필요합니다.

사유재산의
탄생

사자와 늑대의 먹이 다툼

사나운 늑대 한 마리가 몇 달 동안 양 떼를 노리고 있었습니다. 그러던 어느 날 늑대는 드디어 양치기의 눈을 속이고 무리에서 벗어난 어린 양을 한 마리 잡는 데 성공했습니다. 늑대는 몹시 배가 고팠지만 모처럼 잡은 먹이를 성급하게 먹고 싶지는 않았습니다. 늑대는 안전한 장소에서 마음 놓고 식사를 즐기기 위해 어린 양을 자신의 굴로 끌고 갔습니다.

어린 양을 힘들게 끌고 가던 늑대는 도중에 그만 사자를 만나고 말았습니다. 먹이를 찾고 있던 사자는 무시무시한 소리를 내면서 늑대에게 덤벼들었습니다. 늑대는 어쩔 수 없이 양을 버리고 달아났습니다.

얼마 동안 정신없이 도망가던 늑대는 더 이상 사자가 쫓아오지 않는 것을 확인하고 걸음을 멈췄습니다. 목숨은 건질 수 있었지만 힘들게 잡은 양을 사자에게 빼앗긴 것이 억울하고 분해서 견딜 수 없었습니다. 늑대는 조금이라도 분을 풀기 위해 멀리 떨어진 곳에서 사자에게 불평을 늘어놓았습니다.

"그건 내가 힘들게 잡은 먹이란 말이에요. 어떻게 남의 것을 함부로 빼앗을 수 있는 겁니까? 이건 너무 부당하다고요."

사자는 기가 막힌다는 듯이 코웃음을 치면서 말했습니다.

"그렇게 말하는 너는 이 양을 훔친 게 아니라 친구에게서 선물로 받았단 말이냐?"

동물이건 사람이건 '내 것'에 대한 애착이 대단해서 목숨처럼 아끼고 지키려고 합니다. 특히 동물의 세계는 힘의 논리가 지배합니다. 힘센 동물에게는 네 것이 내 것이고, 내 것도 내 것입니다. 약자가 괜히 자기 것을 지키려 했다간 목숨을 부지하기 힘듭니다. 하지만 사람은 다릅니다. 아무리 힘센 사람이라도 마음대로 남의 재산을 뺐을 수는 없습니다. 내 것을 지키는 권리, 즉 소유권이 인정되기 때문입니다. 이 소유권이 인정된 개인의 재산을 '사유재산'이라고 합니다.

자본주의 사회에서는 개인이 노력해서 생산해 낸 물건에 대해 소유권을 인정해 주기 때문에 모두들 열심히 일하죠. 그 결과 경제가 활력을 띠고 나라가 부강해집니다. 사유재산 제도를 자본주의의 묘약이라고 부르는 이유가 여기에 있습니다. 그러나 공산주의는 개인이 아무리 노력해도 그 결과물은 공동의 소유일 뿐입니다. 그래서 열심히 일하지 않으려는 사람이 늘어납니다. 공산주의를 택한 나라들은 낮은 생산성으로 인해 국민 모두가 못살게 됐죠.

사유재산이라는 개념이 처음 만들어진 것은 기원전 10세기경에 시작된 청동기시대입니다. 그 이전에는 공동으로 생산해서 다 같이 소비했기 때문에 사유재산이 인정될 수 없었습니다. 하지만 청동기시대에 접어들어 농기구가 만들어지고 생산성이 높아지자 조금씩 남는 생산물이 생기고, 이것들을 보관하면서 다른 사람과 물물교환도 하게 되었습니다. 그렇게 자연히 소유권이라는 개념이 자리 잡게 됐습니다.

사유재산이 많은 사람은 영향력이 커져서 지역의 우두머리가 될 수 있었습니다. 농사를 잘 짓지 못해 식량이 부족한 사람들은 재산가의 노예가 되기도 했습니다. 말하자면 사유재산을 통해 계급이 발생하게 된 거죠. 고조선 때의 사회법인 '8조 금법'에 사유재산 정신이 담겨 있습니다. 도둑에게 벌금을 물리는 조항이 그것입니다. 사유재산을 인정했기 때문에 남의 물건을 훔치면 죄가 됐던 겁니다.

사유재산으로부터 자본주의가 싹트다

이솝이 살았던 고대 그리스의 아테네에도 사유재산 제도가 있었습니다. 아테네 사람들은 왕과 귀족의 지배를 받았지만 해외 무역과 국내 상공업의 발달로 돈을 버는 사람이 늘어나면서 사정이 달라졌습니다. 경제적으로 여유가 생긴 시민들은 정치적 권리를 요구하면서 귀족과 대립했던 거죠. 마침내 기원전 6세기에 아테네에서는 사유재산을 바탕으로 시민들이 국가의 일을 직접 결정하는 민주정치가 시작될 수 있었습니다.

이에 반해 아테네 인근의 스파르타라는 곳에서는 시민의 생활이 엄격히 통제됐고, 사유재산도 제한적으로만 인정되어 전쟁에서 공을 세운 병사의 가족만 농토를 경작할 수 있는 권리를 가졌습니다. 그러다 보니 대부분의 스파르타 사람들은 일한 대가를 제대로 받지 못해 열심히 일할 필요를 느끼지 못했습니다. 그 결과 경제는 점점 어려워졌고, 결국 아테네와의 전쟁에서도 패하였습니다.

철학자 아리스토텔레스는 아테네와 스파르타의 경제를 비교한 후 "누구나 각자 자기 물건을 가지고 돌볼 수 있게 되면 다른 사람과 싸울 일이 없다. 또한 모든 사람이 자기가 가진 것에 관심을 가지고 자기 재산을 늘리기 위해 열심히 일하게 되므로 국가도 더 크게 발전한다"고 결론을 내렸습니다. 아리스토텔레스는 모든 것에 각각 임자가 있다면 서로 다투는 일이 없을 것이고 사유재산이 국가에 평화를 안겨 준다고 생각했습니다.

개인에게 소유권을 부여한 경제와 그렇지 않은 경제가 어떻게 다른지 예를 들어 설명해 보겠습니다. 초원이 있는 마을에 목동들이 있습니다. 만약 초원을 소유할 수 없다면 목동들은 소의 수를 늘리는 데만 열중하게 됩니다. 내 소유의 초원이 아니니까 내가 기르는 소만 배불리 먹이면 된다고 생각하게 되겠죠. 머지않아 초원의 풀이 사라지고 소들은 굶어 죽게 될 것입니다.

하지만 초원에 소유권이 있다면 다른 결과가 나타납니다. 목동들은 초원에 나타날 문제를 예측하고 대비합니다. 울타리를 쳐서 초원을 보호하고 그 초원에서 기르기에 알맞은 수의 소를 사육하게 될 것입니다. 이것이 바로 사유재산 보호의 힘입니다.

사유재산의 제한

자본주의는 개인의 재산을 인정하지만 예외도 있습니다. 대표적인 것이 토지입니다. 땅은 소유권이 인정되고 재산으로 활용할 수 있지만 공공의 이익을 위해 국가가 사용을 제한할 수도 있답니다. 자본주의에서 국가가 개인 땅을 이래라 저래라 해도 되냐고요? 그럴 수 있습니다.

집이나 TV 등과 달리 땅은 어떻게 이용하느냐에 따라 국가 경제에 영향을 줍니다. 예를 들어 주인이 이용하는 대로 땅을 내버려 둔다고 가정해 봅시다. 쌀농사가 잘 안 된다는 구실로 논에 공장을 짓는다거나 산을 개발한답시고 나무를 마구 베어 낸다면 우리 주식인 쌀의 생산이 줄게 되고 자연환경이 엉망진창이 돼 버리고 말 것입니다. 그래서 정부에서는 농지를 다른 용도로 쓰지 못하도록 규제하는 등의 조치를 취합니다. 또 집값이 지나치게 오르는 것을 막기 위해 아파트 등을 새로 지을 만한 땅을 적당한 값으로 보상하고 강제로 사들이기도 합니다.

우리나라 헌법에는 개인의 재산은 공공의 이익을 위해 법률이 정하는 바에 따라 사용을 제한할 수 있다고 규정하고 있습니다. 민법에는 개인의 소유권이라도 정당한 이익이 있는 범위 내에서만 행사해야 한다는 조항이 있습니다.

공유재산의 올바른 사용

폐허가 된 장미 정원

꽃을 무척 사랑하는 사람들이 사는 마을이 있었습니다. 마을 사람들은 특히 장미꽃을 좋아했습니다. 사람들은 마을 한가운데 있는 광장에 아름다운 장미 정원을 꾸며 놓고 시간이 나는 대로 찾아가서 장미꽃을 구경하고 돌보았습니다.

그런데 마을 사람들이 좋아하는 꽃의 색깔은 서로 달랐습니다. 마을 사람들의 절반은 노란 장미를 좋아했지만 나머지는 빨간 장미를 좋아했습니다.

"어떻게 빨간 장미를 좋아할 수 있을까? 그 꽃은 너무 색깔이 붉어서 품위가 없어."

"저 사람들은 도대체 무슨 생각을 하는 거야? 그런 보잘것없는 꽃을 좋아하다니 도무지 이해할 수 없어."

그들은 서로의 취향을 받아들이려고 하지 않았습니다. 그래서 장미 정원에 갈 때마다 자신들이 좋아하는 장미꽃을 더욱 돋보이게 하려고 다른 색의 장미를 몰래 뽑아 버리기 시작했습니다. 노란 장미를 좋아하는 사람들은 빨간 장미를 몇 송이씩 뽑아 버렸고 빨간 장미를 좋아하는 사람들은 또 노란 장미를 뽑아 버렸습니다.

노란 장미와 빨간 장미는 점점 꽃송이가 줄어들었습니다. 마침내 마을 광장의 아름다웠던 장미 정원은 황폐해지고 보기 싫은 폐허로 변하고 말았습니다.

우리 주위에 있는 물건은 대부분 소유권이 있습니다. 그리고 그 주인은 자신의 이익을 최대로 하기 위해 물건을 아끼고 효율적으로 사용합니다. 우리가 살고 있는 자본주의경제는 이러한 사유재산을 인정하는 것에서부터 출발합니다.

그러나 사유재산이 아닌 것들도 있습니다. 정해진 주인 없이 여러 사람들이 공동으로 소유하는 것들을 '공유재산'이라고 하죠. 이 이야기에 나오는 장미 정원이 공유재산입니다. 공기, 강, 산, 풀과 나무, 바다 등도 공유재산입니다.

장미 정원 이야기에서 보듯 공유재산은 주인이 없다 보니 제대로 관리되지 않습니다. 공기와 강물이 쉽게 오염되고 바다의 물고기는 그 양이 점점 줄고 있습니다. 산의 나무들은 누군가 마구 베어 갑니다. 공유재산은 주인이 따로 없어서 사람들이 함부로 사용하거나 쉽게 훼손합니다.

하지만 사유재산은 소유권이 있기 때문에 이런 일이 발생하지 않습니다. 예를 들어 소는 하루에도 수만 마리씩 도축되지만 멸종될 위험은 없습니다. 그렇지만 바다의 고래는 멸종 위기에 놓여 있습니다. 사람들은 사유재산인 소를 보호하기 위해 울타리도 치고 좋은 사료를 먹이며 소의 숫자를 늘리려고 노력하지만 공유재산인 고래에 대해서는 남보다 먼저 사냥하려고 덤벼듭니다. 고래의 수가 줄어든다고 어부들끼리 그만 잡자고 약속을 했다 하기로 하지만 결국 약속을 지킨 어부만 손해를 봅니다. 다른 어부들은 주인 없는 고래를 계속 잡을 테니까요.

함께할수록 커지는 공유재산

주인이 없어서 문제가 생기는 공유재산에 사유재산권을 부여하면 어떨까요? 마을에서 누군가에게 장미 정원을 팔아서 개인 소유로 만든다면 마을 주민들 전체가 아름다운 장미를 보고 즐길 수 있지 않을까요? 그러나 공유재산에는 사유재산권을 부여하기가 힘듭니다. 공기나 바다의 고래, 산속의 곰에게 사유재산권이 있다고 생각해 보세요. 아마 큰 혼란이 닥칠 것입니다.

이 때문에 사유재산권을 부여하기 힘든 공유재산에 대해 정부는 각종 규제를 가하는 방법으로 보호합니다. 한강에 폐수를 흘려보내는 기업을 적발해 처벌한다든지, 공기를 더럽히는 오염 물질을 배출하는 공장을 단속합니다. 또 고래는 포획할 수 있는 시기와 마릿수 등을 미리 정해 놓고 이를 어기면 벌을 줍니다.

규제를 안 하는 것보다는 낫겠지만 정부의 노력만으로는 한계가 있습니다. 요즘 한창 문제가 되고 있는 지구온난화도 따지고 보면 공기라는 공유재산의 보호를 소홀히 한 데 따른 대가를 치르는 것이라고 볼 수 있죠. 공장에서 배출하는 이산화탄소가 공기를 오염시키고 그 결과 지구가 따뜻해져서 북극의 얼음이 녹고

홍수와 가뭄 등의 이상 기후 현상이 곳곳에서 나타나고 있는 것이죠.

우리 모두가 공유재산을 내 것처럼 아끼는 일이 무엇보다 중요합니다. 모두를 위한 공유재산을 나만 사용하겠다는 욕심을 버려야 합니다.

공유지의 비극

이 말은 미국의 생물학자 개릿 하딘(Garrett Hardin, 1915~2003)이 1968년에 처음 사용했으며 경제 현상을 설명하는 용어로 자주 쓰입니다.

"마을의 목초지를 공동으로 사용한다면 주민들은 앞다투어 자신의 이익을 극대화하기 위해 가축 수를 늘리려 할 것이다. 마침내 전체 가축 수는 적정 수준을 넘어서게 되어 결국 목초지는 황폐해지고 마을의 전체 소득은 감소한다. 주민 개개인은 가축 사육을 지속하기 위해 전체 가축 수를 적정 수준으로 유지해야 한다는 것을 잘 알고 있다. 그러나 자신이 지금 더 많은 가축을 목초지에 풀어 놓지 않으면 다른 사람이 더 많은 가축을 풀어 놓을 것이라는 것도 알고 있다.

결국 목초지는 모두가 이미 알고 있는 비극으로 향해 가고 만다."

공유지 비극의 전통적인 해결책은 '사유화'입니다. 목초지 소유권을 부여한다면 안정적인 수익을 만들기 위해 가축의 수를 적정하게 유지할 것입니다. 그러나 이것이 근본적인 해결책이 못 되는 이유는 사유화에 따른 특혜 시비 때문입니다. 그래서 2009년 노벨경제학상 수상자인 미국의 엘리너 오스트롬(Elinor Ostrom, 1933~2012)은 사유화보다는 공동체 구성원 간의 신뢰를 기초로 한 공유재산의 자율적 관리가 최선이라고 주장합니다.

경쟁의 원리

우물 안 하프 연주자

하프 연주에 별로 재능이 없는 음악가가 있었습니다. 그는 스스로 연주 실력이 아주 훌륭하다 믿고 끊임없이 하프를 연주했습니다. 두꺼운 벽으로 둘러싸인 연주실에서 하프 줄을 퉁기면 그 소리가 울려서 아주 그럴듯하게 들렸습니다. 그래서 그는 자신이 천부적인 재능을 지녔다고 생각했습니다.

그러던 어느 날 음악가는 오랫동안 연습한 하프 연주 실력을 다른 사람들에게 자랑하고 싶었습니다. 그래서 큰 극장에서 연주회를 열기로 결심했습니다. 극장에는 그의 하프 연주를 듣기 위해 많은 사람들이 찾아왔습니다. 드디어 공연이 시작되자 음악가는 들뜬 마음으로 중얼거렸습니다.

"내 연주를 듣고 사람들이 모두 깜짝 놀랄 거야. 나는 세계 최고의 하프 연주자로 이름을 날리겠지."

음악가는 무대 위로 올라가서 부드럽게 하프를 연주하기 시작했습니다. 그런데 연주가 시작되자 이상한 일이 일어났습니다. 음악가는 열심히 하프를 연주했지만 평소 연주실에서 연습할 때와 같은 아름다운 소리가 나오지 않는 것이었습니다.

객석의 반응은 점점 썰렁해졌습니다. 사람들은 마구 야유를 퍼붓기 시작했고, 결국 음악가는 무대에서 도망칠 수밖에 없었습니다. 혼자서 연습할 때는 아름답다고 생각했던 곡조들이 화음도 맞지 않는 엉터리였던 거죠.

세상의 만물은 끊임없는 경쟁 속에서 살아갑니다. 홀로 자란 사과나무보다 여럿이 함께 자란 사과나무의 열매가 더 크고 맛이 있는 법입니다. 사람도 더 좋은 학교, 더 좋은 직장, 더 많은 돈을 벌기 위해 날마다 경쟁하며 살아갑니다. 이 우화 역시 경쟁이 없는 상태에서는 아무런 성과와 발전이 없다는 것을 보여 줍니다. 만약 음악가가 다른 사람과 경쟁하며 하프를 연습했다면 연주회를 성공적으로 치렀을 겁니다.

경제에서 경쟁은 새로운 도전과 좌절을 통해 더 나은 상태로 나아가도록 촉진하는 역할을 합니다. 남에게 뒤지지 않으려는 인간의 경쟁 심리는 경제발전에 필수적인 동기가 됩니다. 경쟁에서 이기려면 참신한 아이디어로 실력을 쌓아야 합니다. 경쟁이 왜 경제발전에 좋은지는 긴 설명이 필요 없습니다.

빵집 두 개가 나란히 있습니다. 한쪽에서 빵 값을 내리면 손님들은 그 집으로만 몰립니다. 그러면 옆집에서는 지지 않으려고 값을 좀 더 내립니다. 두 가게가 서로 경쟁하는 동안 싼 값에 빵을 사게 되는 손님들은 이득을 얻게 됩니다. 손님뿐만 아니라 빵집들도 이득을 봅니다. 그들은 빵 값을 낮추기 위해 여러 가지 아이디어를 짜내게 됩니다. 재료를 싸게 구입하는 방법으로 재료비를 줄이고 빠른 시간 내에 빵을 만드는 기술을 개발하는 노력도 기울일 것입니다. 이런 과정을 통해 빵집은 성장하게 되고 빵집이 커지면 재료를 공급하는 공장이 잘 돌아가고 이는 다시 밀 농사를 짓는 농부의 수입을 늘려 줍니다.

빵집들의 경쟁은 이렇듯 손님, 공장의 노동자, 농부 등 여러 분야의 사람들을 이롭게 합니다. 빵집이 하나만 있을 때와는 이야기가 전혀 달라지겠죠. 만약 빵집이 오직 한 군데뿐이라면 그 빵집은 빵 값을 마음대로 올렸다 내렸다 하고 맛이나 품질도 엉망이 될 것입니다. 그러면 손님에게도 좋을 리가 없겠죠. 손님이 빵 대신 다른 음식을 찾게 되면 그 가게는 망할 것이고 그러면 재료 공장과 농부까지 힘들어집니다.

건전한 경쟁을 통한 상호 발전

경쟁은 시장경제의 근간을 이루는 정신입니다. 시장경제는 공정한 규칙 아래 경쟁이 보장되고 누구의 간섭이나 통제를 받지 않는 자유로운 상태라야 합니다. 자유경쟁 시장의 장점은 소비자가 질 좋은 제품을 싸게 살 수 있고, 기업은 기술력과 경영 능력을 발전시켜 경제 전체에 이익이 된다는 데 있습니다. 물론 단점도 있습니다. 경쟁을 하다 보면 강한 자만이 살아남고 약한 자는 설 자리를 잃게 되어 윤리적으로 문제가 될 수도 있습니다.

우리는 뉴스를 통해 품질이 우수한 상품을 제조하면서도 자금이 부족해서 대기업에 흡수되는 중소기업의 소식을 듣습니다. 그래서 자본주의경제는 일반적으로 자유경쟁을 원칙으로 하지만 몇몇 대기업이 시장을 주무르지 못하도록 여러 장치를 만듭니다. 비정상적인 경쟁을 막고 작은 기업도 살아갈 수 있도록 하기 위해서죠.

보이지 않는 손

인간은 본능적으로 자신에게 이익이 되느냐의 여부에 따라 행동합니다. 인간을 '경제적 존재(Homo Economicus)'라고 부르는 이유가 여기에 있습니다. 남을 해치지 않고 남이 인정하는 범위 내에서 자기 이익을 추구하는 것, 이것이 자본주의경제의 키워드입니다.

현대 경제학의 시조로 불리는 애덤 스미스(Adam Smith, 1723~1790)는 불후의 명작 《국부론(The Wealth of Nations)》에서 다음과 같이 말합니다.

"사람은 누구나 생산물의 가치를 최대한 높이는 방향으로 자신의 자본을 활용하려고 노력한다. 그는 공익을 증진하려고 의도하지 않으며 얼마나 증진하고 있는가를 알지도 못한다. 다만 자신의 안전과 이익을 위해 행동할 뿐이다. 그런데 그는 이렇게 행동하는 가운데 '보이지 않는 손'의 인도를 받아 원래 의도하지 않았던 목표를 이루게 되는 것이다. 이렇게 사람은 자신의 이익을 열심히 추구하는 가운데 국익을 증진하게 되는 것이다."

이 대목에서 핵심 단어는 '경쟁'과 '자기 이익'입니다. 이 두 가지가 자본주의경제를 굴러가게 하는 바퀴라 해도 과언이 아닙니다. 그렇다면 '보이지 않는 손'은 무엇을 말하는 것일까요? 바로 시장입니다.

애덤 스미스는 자기 이익을 추구하는 생산자라도 시장이라는 제도를 통해 상호 경쟁하는 과정에서 어떤 질서 같은 게 형성된다고 했습니다. 가령, 치열한 경쟁을 하는 어떤 기업이 자사 제품의 값을 올려 받으려고 하더라도 경쟁 기업 때문에 그렇게 하지 못합니다. 이는 경쟁자가 서로 감시하고 규제해 소비자에게 피해를 주지 않도록 하기 때문입니다.

분업의 이점

박쥐와 가시나무, 갈매기가 함께한 사업

박쥐와 가시나무, 갈매기가 모여 공동으로 사업을 하기로 했습니다. 사업을 하려면 우선 돈이 필요했습니다. 박쥐가 앞으로 나서면서 말했습니다.

"나는 아는 사람이 많으니까 돈을 빌리기 쉬울 거야. 내가 사업에 필요한 돈을 빌려 오지."

그러자 옷을 많이 가지고 있던 가시나무가 말했습니다.

"그렇다면 우리 옷으로 장사를 하는 게 어때? 나는 옷이 많으니까 그걸 팔면 될 것 같은데?"

"아주 좋은 생각이야."

박쥐가 박수를 치면서 대답했습니다. 박쥐와 가시나무의 이야기를 가만히 듣고 있던 갈매기는 자신이 할 수 있는 것이 무엇인지 생각했습니다. 갈매기는 눈이 좋아서 여기저기 날아다니면서 바닷가에 떨어진 먹이를 잘 찾아내기로 유명했습니다. 그래서 자신의 재능을 살려서 장사에 도움을 주는 것이 좋겠다고 생각했습니다.

"바닷가에는 파도에 밀려 온 물건이나 떨어진 물건들이 많아. 그중에서 쓸 만한 것들을 모아 와서 팔자고."

박쥐와 가시나무는 갈매기의 말에 찬성했습니다. 박쥐는 돈, 가시나무는 옷, 갈매기는 바닷가에서 찾은 물건들을 잔뜩 모았습니다. 그리고 장사를 하기 위해 배를 빌려서 물건을 싣고 항해를 떠났습니다. 그런데 항구를 떠나 넓은 바다에 나온 지 얼마 되지 않아서 먹구름과 거친 폭풍우가 몰아치더니 큰 파도가 배를 덮쳤습니다. 이리저리 흔들리던 배는 그만 물속에 가라앉고 말았습니다. 침몰하는 배에서 힘들게 빠져나온 그들은 겨우 목숨만 건져서 고향으로 돌아올 수 있었습니다. 더 이상 장사를 할 수 없게 된 그들은 각자의 집으로 뿔뿔이 흩어졌습니다.

그런 일이 있고 난 뒤로 갈매기는 잃어버린 물건들이 어딘가에 떨어져 있지 않을까 해변을 뒤지며 돌아다니게 되었습니다. 박쥐는 돈을 빌려 준 사람을 혹시 만나게 될까 두려워서 문 밖을 잘 나가지 못하고 대낮을 피해 사람이 거의 다니지 않는 밤에 돌아다니게 되었습니다. 그리고 가시나무는 잃어버린 옷을 찾을 수 있지 않을까 해서 자꾸만 지나가는 사람의 옷을 붙잡게 되었다고 합니다.

박쥐, 가시나무, 갈매기처럼 각자가 잘하는 것에 집중해 일을 분담하는 것을 '분업'이라고 합니다. 이들은 풍랑을 만나 물건을 몽땅 바다에 빠뜨려 장사를 못하게 됐지만 일상으로 돌아가서도 각자의 특성을 잊지는 않았군요.

공장에서는 여러 사람들이 각자의 전문 분야에 집중해 분업을 합니다. 그렇게 하는 것이 일의 능률도 오르고 생산성도 높이기 때문입니다. 분업이 왜 좋은 것인지 TV 공장의 예를 들어 보죠. 열 사람이 TV 10대를 만들 때 만드는 과정을 10단계로 나누어 각각 맡은 분야의 작업에 집중하게 되면 TV를 훨씬 빨리, 더 잘 만들 수 있다고 합니다. 왜 그럴까요? 만약 한 사람이 TV를 1대씩 만들어야 한다면 그는 TV를 만드는 데 필요한 지식과 기술을 모두 가져야 합니다. 수만 개의 TV 부품을 모두 다룰 줄 알아야 한다는 얘기입니다. 이게 가능할까요? 이보다는 여러 사람이 나눠 일을 분담하면 TV 1대를 완성하는 데 드는 시간도 적게 걸리고 비용도 적게 들며 불량품이 나올 가능성도 적어집니다.

산업혁명을 부른 분업의 힘

분업이라는 말을 처음 사용한 사람은 앞에서 말한 애덤 스미스입니다. 그는 자신의 책 《국부론》 제1장에서 바늘 공장을 예로 들어 분업의 의미를 설명합니다. 분업을 하지 않고 열 명이 바늘을 만들면 한 사람이 하루에 20개를 만드는 것도 어렵다고 합니다. 그러나 철사를 자르고, 바늘귀를 만들고, 광택을 내고, 다듬는 등 제조 공정을 전문화하여 작업자를 나누면 한 사람당 4,800개를 만들 수 있다고 합니다.

애덤 스미스는 이처럼 분업이 생산성을 크게 높인다는 사실을 밝혀냈습니다. 바늘 공장의 생산성이 높아져 사람들이 부유해지면 그들이 다시 물건을 많이 사고, 그러면 공장은 돈을 벌고, 기업은 또 다시 투자를 합니다. 투자로 인해 생산 규모가 커지면 시장에는 더 많은 물건이 나오고, 사람들은 더 많은 물건을 살 수 있게 되는데 이는 다시 기업의 투자를 부릅니다. 그러면 결국 나라도 부유해집니다.

나라가 부유해진다는 뜻의 《국부론》이라는 책 이름은 이렇게 탄생했습니다. 실제 애덤 스미스의 이론을 적용한 공장은 대량생산이 가능해졌고 이로 인해 '산업혁명'이 빠르게 진전됐습니다. 한마디로 분업은 산업혁명을 부른 원동력이라고 할 수 있습니다.

산업혁명

산업혁명(Industrial Revolution, 産業革命)은 지금까지 모두 세 차례 일어났습니다.

제1차 산업혁명은 18세기 말 영국에서 제임스 와트(James Watt, 1736~1819)가 스팀 엔진의 산업화에 성공하면서 시작됐습니다. 스팀 엔진은 선박과 증기기관차에 응용되어 교통수단의 일대 혁명을 가져왔음은 물론 공장의 새로운 동력이 되었습니다. 제1차 산업혁명의 중심 국가인 영국은 세계의 주도권을 잡는 초강대국이 되었으며, 산업혁명의 물결을 탄 서구 국가들은 선진국의 대열에 오르는 계기를 마련했습니다. 제1차 산업혁명은 서양이 동양을 앞서 나가기 시작한 분수령이 되었습니다.

제2차 산업혁명은 19세기 말 토머스 에디슨(Thomas Alva Edison, 1847~1931)이 미국 뉴욕에서 전기의 산업화를 가능케 한 발전소를 건설하면서 시작되었습니다. 전기의 발명은 에너지 전달을 더욱 용이하게 하고 공장의 작업 환경도 혁신적으로 개선했습니다. 제2차 산업혁명의 중심지인 미국은 세계의 새로운 강자로 부상하였으며 미국의 동부와 서유럽을 잇는 대서양 시대가 열렸습니다.

공업화를 이루는 단계였던 제3차 산업혁명으로 자동차, 텔레비전,

냉장고, 비행기가 널리 보급됐습니다. 어느 나라든 3C, 즉 자동차 (Car), 컬러텔레비전(Color Television), 에어컨(Cooler) 등을 세계적인 수준으로 만들 수 있으면 선진 공업국이 됐습니다.

그리고 제4차 산업혁명이 있습니다. 이것은 컴퓨터, 정보통신기기, 반도체, 생명공학, 로봇 등 첨단 하이테크 산업과 관련이 있습니다. 하이테크 산업의 발달과 더불어 선진국은 탈공업화, 정보화 사회에 들어섰습니다. 제4차 산업혁명은 현재진행형으로 미완의 혁명입니다.

보완재란
무엇인가?

위장과 다리의 오묘한 관계

우리 몸의 위장은 음식물을 잘 소화시켜 영양분을 섭취합니다. 위장이 받아들인 영양분은 몸의 곳곳으로 보내져 우리가 활동할 수 있도록 해 줍니다. 다리는 몸을 다른 장소로 이동시키는 역할을 합니다. 다리가 없으면 우리는 한 걸음도 움직일 수 없고 음식을 구하러 다닐 수도 없습니다. 위장과 다리는 서로 도와 가면서 잘 지냈습니다. 다리가 맛있는 음식이 있는 곳으로 몸을 이동시키면 위장은 음식물을 적당히 소화시켜서 다리가 움직일 수 있도록 힘을 주었기 때문입니다.

그런데 이렇게 서로를 돕던 위장과 다리는 갑자기 사이가 틀어졌습니다. 음식을 찾아 나선 다리가 불평을 늘어놓았기 때문입니다.

"나는 언제나 널 데리고 다녀. 너는 아무런 고생도 하지 않고 음식을 받아먹기만 하지. 나의 도움이 없다면 너는 전혀 움직일 수 없어. 그러니까 넌 나에게 고맙다고 해야 한다고."

그러자 위장이 말했습니다.

"하지만 다리야, 만약 내가 너에게 영양분을 공급해 주지 않는다면 너는 걸어 다닐 수 없을 거야. 그러니까 네가 나에게 고맙다고 해야 할걸?"

경제학에서 서로 대립하거나 경쟁하는 관계가 아닌 도움을 주는 경우를 '보완관계'에 있다고 말합니다. 위장 입장에서는 다리가 튼튼하면 맛있는 음식을 많이 먹을 기회가 늘어날 것입니다. 다리도 위장이 있어야 움직일 수 있는 영양분을 공급받게 됩니다. 이런 보완관계는 우리 주변에 무수히 많습니다.

물건의 경우는 '보완재'라고 합니다. 바늘 가는 데 실이 가듯이 서로에게 도움을 주는 관계에 있는 '재화'라는 뜻입니다. 재화란 인간 생활에 필요한 물건을 뜻하는 경제 용어입니다. 공기, 물은 물론이고 옷, 과일 등 재화의 종류는 무한대에 가깝습니다. 재화와 함께 '용역'도 자주 등장하는 경제 용어입니다. 사람의 정신적·육체적 노동을 용역이라고 하며, 미용실에서 머리를 잘라 주는 일, 공사장에서 물건을 운반하는 일 등이 여기에 해당합니다.

재화나 용역은 보통 그 대가로 돈이 오고 갑니다.

서로가 서로를 돕는 보완재

대표적인 보완재로는 커피와 설탕이 있습니다. 커피는 설탕이 들어가야 제맛이 나죠. 이처럼 보완재는 따로 쓸 때보다 함께 쓸 때 더 큰 가치를 발휘합니다. 한마디로 두 재화가 짝을 이룬다고 생각하면 됩니다. 빵과 버터, 연필과 지우개, 펜과 잉크 등은 잘 어울리는 짝입니다. 이들 보완재는 한쪽의 값이 오르면 다른 한쪽은 소비가 줄어드는 특징이 있습니다. 커피 값이 오르면 수요와 공급의 원칙에 따라 커피 소비가 줄고, 그러면 덩달아 설탕 소비도 줄어듭니다.

사업을 하는 사람은 보완재의 원리를 이용한 마케팅으로 큰 이득을 보기도 합니다. 영화를 찍을 때 인기 스타를 주인공으로 등장시키는 것, 식당에서 삼겹살을 일정 양 이상을 주문하면 음료수를 한 병 더 서비스로 얹어 주는 것 등은 다 보완재를 잘 이용하는 사례들입니다.

대체재와 열등재

보완재와 상대되는 것으로 '대체재'가 있습니다. 대신해서 소비할 수 있는 재화를 의미하는 것으로 커피와 녹차가 그 예입니다. 커피와 녹차는 모두 기호식품입니다. 커피 값이 오르면 커피 수요가 줄어들고, 대체재인 녹차의 소비가 늘어납니다. 커피와 설탕과의 관계와는 반대인 셈입니다. 커피와 녹차 외에도 대체재인 관계는 콜라와 사이다, 쇠고기와 돼지고기, 햄버거와 핫도그, 사과와 배 등 무수히 많습니다.

중동 지역에 전쟁이 발발하면 원유 값이 치솟아 전 세계적으로 원자력, 태양열, 풍력을 이용한 에너지 개발에 열을 올린다는 신문 기사를 자주 보게 됩니다. 이들을 '대체에너지'라고 하는데 이 또한 대체재의 일종이라 할 수 있습니다.

보완재도 대체재도 아닌 '열등재'라는 것이 있습니다. 열등재는 다른 한쪽의 가격 변동보다는 소득 변화나 기술 발전의 영향을 받는 것입니다. 한마디로 유행이 지난 싸구려 물건이라고 보면 이해하기 쉽습니다. 카세트테이프, 연탄, 라디오, 보리 등이 이에 해당합니다. 카세트테이프보다는 CD나 MP3를 주로 사용하고, 연탄보다는 석유를 연료로 사용한 지가 제법 오래죠? 보리도 마찬가지입니다. 사람들의 소득이 늘면 보리의 소비는 오히려 줄어서 가격도 내려갑니다. 그 대신 쌀은 소비가 늘어나면서 가격이 오릅니다.

이처럼 소비를 늘릴 수 있는 소득수준이 높아져도 기술의 발전에 따라서 뒷전으로 밀리고 마는 열등재는 되레 찬밥 신세가 됩니다.

2장

세상을 움직이는 돈

물건의 가격은
누가 정할까?

헤르메스 조각상은 얼마죠?

헤르메스 신은 올림포스 산에 사는 신들 사이를 오가며 소식을 전하거나

신의 뜻을 사람에게 전하는 일을 합니다. 어느 날 헤르메스 신은 사람들이

자신을 어떻게 평가하는지 알고 싶었습니다. 그래서 사람으로 변장하고

신들의 조각상을 파는 상점으로 들어갔습니다. 헤르메스 신은 상점에서

신들의 왕 제우스 신의 조각상을 발견했습니다.

"이것은 얼마입니까?"

헤르메스 신이 주인에게 물었습니다.

"1드라크마(그리스의 화폐 단위)입니다."

헤르메스 신은 미소를 지으며 신들의 여왕이자 제우스 신의 아내인 헤라

여신의 조각상을 보고 다시 값을 물었습니다.

"헤라 여신의 조각상은 얼마입니까?"

"그것은 좀 더 비쌉니다."

주위를 둘러보던 헤르메스 신은 자신의 조각상을 발견했습니다. 그는 자신이 제우스의 사신이며 상업의 신이므로 사람들에게 가장 인기가 있을 것이고, 가격도 제일 비쌀 것이라고 생각했습니다. 헤르메스 신은 점잖게 값을 물었습니다.

"이 헤르메스 조각상은 얼마인가요?"

상인은 시큰둥하게 대답했습니다.

"아, 그거요? 제우스 신과 헤라 여신의 조각상을 모두 사신다면 덤으로 끼워 드리죠."

이솝은 이 우화를 통해 자만에 빠지지 말고 늘 주위의 평가에 귀를 기울여야 한다는 메시지를 전합니다. 물건도 그것을 만든 사람이 혼자서 무엇이 좋고 나쁜가를 판단해서는 곤란합니다. 다른 사람들이 어떻게 평가하는지도 알아봐야 한다는 얘기죠. 물건에 대한 평가는 시장에서 거래되는 가격으로 나타납니다. 가격은 물건을 교환하는 매개 기능으로 시장경제에서 가장 중요한 요소입니다.

그럼 물건의 가격이 어떻게 결정되는지 살펴볼까요? 가격은 한마디로 수요와 공급에 의해 결정됩니다. 수요는 물건을 사려는 쪽이고 공급은 팔려는 쪽입니다. 예를 들어 조각가가 헤르메스 신의 조각상을 10만 원에 내놨습니다. 우화에서처럼 헤르메스 신의 조각상은 그만한 가치가 없으므로 사려는 사람이 없을 것입니다. 이때, 팔려는 사람이 그 조각상의 가격을 만 원으로 내렸다고 합시다. 그러면 사려는 사람이 생겨 조각상은 팔리기 시작합니다. 여기서 만 원이 헤르메스 조각상의 가격이 됩니다. 가격은 이처럼 수요와 공급이 일치할 때 결정됩니다.

시장을 움직이는 힘, 가격

반대로 헤르메스 신의 조각상을 5,000원에 팔려는 조각가가 있다고 치죠. 그럼 사려는 사람이 많아져서 조각상은 금방 동이 날 것입니다. 그렇게 되면 5,000원보다 더 비싸게 사겠다는 사람들이 생겨 조각상의 가격이 오릅니다. 가격이 올라 조각상 판매로 큰 이득을 봤다는 소문에 많은 조각가들이 너도나도 헤르메스 신의 조각상을 만들려고 할 것입니다. 그 조각상들이 시장에 쏟아져 나오면 가격은 다시 내려갑니다.

이처럼 가격은 수요와 공급의 변동에 따라 자동적으로 움직입니다. 그러니까 수요가 많으면 가격은 올라가고 공급이 많으면 가격이 내려가는 거죠. 또 가격이 내려가면 수요가 많아지고 올라가면 공급이 늘어납니다. 이를 '수요 공급의 법칙'이라고 합니다.

또한, 가격은 이미지를 반영합니다. 헤르메스 신은 사람들 사이에 좋은 이미지를 심어 주지 못했습니다. 헤르메스 조각상의 가격이 싼 이유입니다. 만약 헤르메스 신이 좋은 일을 많이 해서 평가가 달라지면 조각상의 가격도 올라갈 것입니다. 마찬가지로 시장에서 제값을 받기 위해서는 물건의 품질이 우수해야 합니다. 그래서 물건을 공급하는 생산자는 원하는 가격을 받으려고 기술을 개발하거나 마케팅을 통해 소비자의 마음을 사려고 애쓰는 것이죠.

시장

시장은 물건을 생산하는 사람과 소비하는 사람이 만나서 물건을 사고파는 매매(賣買)가 이루어지는 장소입니다.

물론 필요한 물건을 직접 만들어 쓰던 자급자족 시대에는 시장이 필요 없었겠죠. 그러나 점차 기술이 발달하고 생산량이 늘어나면서 쓰고 남는 물건이 생겼습니다. 자연스럽게 남는 물건을 다른 물건과 바꾸거나 팔 수 있는(물물교환) 시장이 생겨난 것입니다. 인구가 늘어나고 사회가 발달하면서 시장에서 거래되는 물건의 종류도 늘어나고 다양한 형태의 시장이 생겨났습니다.

우리는 흔히 시장이라면 재래시장이나 슈퍼마켓처럼 물건을 쌓아 놓고 파는 곳을 떠올립니다. 그러나 경제에서 말하는 시장은 더 넓은 의미를 갖습니다. 동네 구멍가게는 물론 볼거리와 먹을거리가 가득한 남대문시장, 가락동에 있는 농수산물 도매시장, 중고품이 거래되는 벼룩시장과 주식이 거래되는 주식시장, 금융시장과 같이 그 종류도 다양합니다.

전자 상거래가 이루어지는 인터넷 공간도 시장이 되고 인터넷 게임을 할 때 아이템을 사고파는 사이버 공간 역시 시장이라고 할 수 있습니다.

양날을 가진
한계효용

아끼던 암탉을 죽인 농부

암탉 한 마리를 기르는 농부가 있었습니다. 통통하고 건강한 암탉은 날마다 주인에게 크고 맛있는 달걀을 하나씩 낳아 주었습니다. 암탉이 달걀을 낳으면 농부는 맛있는 반찬을 만들었고 때로는 달걀을 모았다가 시장에 내다 팔고 다른 물건을 사기도 했습니다. 암탉이 낳는 달걀은 크고 맛이 좋아서 특별히 비싼 값에 팔렸습니다.

그러던 어느 날 농부는 문득 욕심이 생겼습니다.

'암탉이 달걀을 하루에 한 번밖에 낳지 않으니까 달걀 반찬을 하루에 한 번밖에 먹을 수가 없네. 그리고 며칠씩 모아야 겨우 내다 팔 정도밖에 안 되잖아. 암탉이 알을 좀 더 많이 낳게 하는 방법이 없을까?'

농부는 결국 한 가지 방법을 생각하게 되었습니다.

"그래! 먹이를 두 배로 주면 달걀도 두 배로 많이 낳을 거야."

농부는 암탉 먹이의 양을 두 배로 늘렸습니다. 그러자 암탉의 몸은 금방 불어나기 시작했습니다.

"흐흐흐, 이제 몸이 불어났으니까 알도 많이 낳겠지?"

농부는 흐뭇한 마음으로 암탉이 여러 개의 알을 낳기만을 기다렸습니다. 그러나 지나치게 살이 찐 암탉은 병에 걸려 하루에 하나씩 낳던 알도 낳지 못하게 되었습니다.

만약 이 농부가 경제 원리를 조금이라도 알았다면 이런 결과는 피할 수 있었을 텐데 아쉽군요. 경제학에는 '한계 원리'라는 게 있습니다. 합리적인 소비와 생산을 결정할 때 쓰이는 아주 중요한 개념입니다.

한계는 '가장자리' 또는 '끝'을 의미합니다. 쉽게 말해서 마지막 추가분을 뜻한다고 생각하면 됩니다. 그리고 한계 원리란 일정 수준을 넘어서면 가치가 떨어지는 것을 말합니다. 배가 고플 때는 피자를 정신없이 먹기 시작하지만 두 조각, 세 조각째 먹게 되면 먹는 즐거움이 떨어지는 것과 마찬가지 이치입니다.

'효용'이라는 경제 용어가 있습니다. 어떤 물건을 소비할 때 얻어지는 만족감을 뜻합니다. 따라서 한계효용은 마지막 추가분의 효용을 의미하죠.

이제부터 한계효용에 대해 자세히 설명하겠습니다. 목마른 사람에게 물을 한 병 줬다고 합시다. 첫 모금은 정말 시원하겠죠. 갈증이 한 순간에 확 날아가 버리는 기분이 들 겁니다. 두 번째도 역시 좋지만 첫 번째만은 못합니다. 세 번째는 두 번째보다 못하고요. 물을 반병쯤 마셨을 때에야 갈증이 풀립니다. 갈증이 풀리는 이때, 물로부터 얻는 만족감은 최고가 됩니다. 여기서 더 많이 마시면 배가 부르고 불쾌감이 느껴집니다.

물을 마시는 것의 만족도, 즉 물의 효용을 수치로 표현해 봅시다. 예를 들어 첫 모금을 5, 둘째 모금은 4, 셋째 모금은 3 그리고 네 번째 모금은 0이라고 할 수 있겠습니다. 한계효용은 마지막 추가분의 효용이므로 첫 모금일 때는 5, 둘째 모금까지 4, 셋째 모금까지 3, 네 번째 모금까지 0이 됩니다. 다시 말해 마지막 모금까지의 전체 효용은 이들 전부를 합친 12(5+4+3+0)가 되지만 한계효용은 0이 됩니다. 따라서 한계효용이 0이 될 때 물에서 얻는 만족감이 최대가 되고 그 이후로는 마이너스가 되는 것이죠. 다섯 번째 물을 들이켤 때는 마시는 것으로부터 얻는 기쁨보다 불쾌감이 더 커지게 됩니다.

'0'일 때 가장 만족스러운 한계효용

앞에서 설명한 것처럼 한계효용이라는 것은 갈수록 줄어듭니다. 이를 '한계효용 체감의 법칙'이라고 합니다. 효용을 그래프로 그려 보면 둥근 산 모양의 포물선이 되고 한계효용은 그 곡선의 어느 한 점의 접선 기울기가 됩니다.

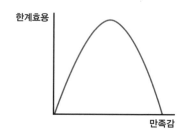

정해진 소득 안에서 소비를 할 때 이처럼 한계효용이 0이 되는 순간까지가 합리적인 소비 생활이고 그 이상은 낭비가 되는 겁니다.

다시 농부와 암탉 이야기로 돌아가 보죠. 암탉에게는 먹이가 두 배로 늘었을 때의 한계효용은 마이너스였습니다. 한계효용이 0일 때, 즉 암탉의 만족감이 최대인 경우는 먹이가 두 배가 되기 전으로 농부는 그 양에 맞춰 암탉에게 먹이를 주어야 했습니다.

한계효용 균등의 법칙

한계효용 이론에서는 한계효용 체감의 법칙뿐 아니라 또 하나의 중요한 법칙이 있습니다. 사람들이 여러 가지 물건을 구입할 때 각 물건에 대한 한계효용이 같도록 하는 것이 전체 효용을 가장 크게 한다는 것으로, 이것을 '한계효용 균등의 법칙'이라고 합니다.

사람들의 효용을 최대로 하는 행위는 뷔페식당에서 쉽게 찾아볼 수 있습니다. 예를 들어 갈비를 먹는다고 합시다. 첫 번째 갈비는 매우 맛있습니다. 두 번째 갈비는 그런대로 맛있습니다. 세 번째 갈비는 그냥 입맛에 맞는다고 느끼는 수준입니다. 이처럼 한계효용 체감의 법칙에 따라 갈비로부터 얻는 한계효용은 감소합니다. 그러다가 어느 순간부터 갈비의 한계효용은 옆에 놓인 치킨의 한계효용보다 작아집니다.

이런 상황에서도 계속 갈비만 먹는 사람은 없을 겁니다. 갈비 맛의 효용이 떨어진다고 느끼는 순간 우리는 치킨을 먹기 시작합니다. 치킨에도 한계효용 체감의 법칙이 성립하고, 치킨의 한계효용이 샐러드의 한계효용보다 작아질 때 샐러드를 먹기 시작합니다.

이처럼 사람들은 각각의 음식으로부터 얻는 한계효용이 같아질 때까지 갈비와 치킨, 샐러드를 먹고 뷔페식당을 이용하면서 얻는 효용을 가장 크게 만듭니다. 이것이 바로 한계효용 균등의 법칙입니다.

황금 알을 낳는 원금

황금 알을 낳는 거위

아름다운 거위 한 마리를 기르는 농부가 있었습니다. 그 거위는 보통 거위가 아니라 하루에 하나씩 황금 알을 낳는 특별한 거위였습니다. 농부는 거위를 정성스럽게 길렀고 거위 덕분에 부자가 될 수 있었습니다.

그러던 어느 날 농부는 갑자기 이런 생각을 했습니다.

'거위 뱃속에는 수많은 황금 알이 들어 있을 거야. 하지만 거위는 하루에 한 개씩만 알을 낳잖아. 그걸 한꺼번에 꺼내면 나는 큰 부자가 될 수 있어. 그래, 기다리지 말고 거위를 잡아서 알을 모두 꺼내야지.'

성질 급한 농부는 거위의 배를 가르고 서둘러 속을 들여다보았습니다. 그러나 많은 황금 알이 들어 있을 것이라는 기대와는 달리 평범한 거위의 속과 똑같았습니다. 결국 거위는 죽어 버렸고 농부는 더 이상 황금 알을 가질 수 없게 되었습니다. 농부의 욕심 때문에 거위와 황금 알 모두를 잃은 것이죠.

농부는 더 많은 황금 알을 가지고 싶어서 거위를 죽였습니다. 하지만 그 결과 한꺼번에 많은 황금 알을 얻으려는 소망은 물거품이 되었음은 물론 매일 하나씩 얻던 황금 알도 더 이상 구할 수 없게 되었습니다.

여기서 거위는 저축을 할 때나 처음 사업을 시작할 때의 원금에 비유할 수 있습니다. 그리고 황금 알은 이자(수익)에 해당합니다. 저축의 경우 원금이 있어야 매달 꼬박꼬박 이자가 나오는데, 잠시 욕심에 눈이 멀어 원금을 다 써 버린다면 이자는 나오지 않겠죠? 농부가 거위를 죽여 버려서 황금 알도 얻을 수 없었던 것처럼 말이에요.

한 푼 두 푼 모아 통장에 100만 원을 모았다고 칩시다. 마침 탐이 나는 노트북이 생겼는데 가격이 100만 원입니다. 통장의 돈으로 바로 노트북을 사면 원금이 모두 날아가 버리게 될 것입니다. 원금을 지키기 위해서는 부모님이 주신 다른 용돈이나 은행의 이자를 모아 노트북을 사야 합니다. 이렇게 노트북을 사면 원금도 지키고 노트북도 생기니 '꿩 먹고 알 먹고'라고 할 수 있습니다. 원금을 지키면 후회하는 일은 절대 없을 것입니다. 물론 용돈으로 노트북을 사기 위해서는 많은 시간과 노력이 필요합니다. 참을성도 키워야 하고 유혹을 떨칠 수 있는 냉정함도 유지해야 되겠죠?

이자에 눈이 멀어 원금을 버리지 말라

불확실한 미래에 대비하기 위해서 저축을 해야 합니다. 갑자기 몸이 아플 수도 있고 큰돈을 써야 할 때가 생길 수도 있으니까요. 이럴 때 저축해 놓은 돈이 있다면 별 탈 없이 어려운 상황을 헤쳐 나갈 수 있습니다. 하지만 돈을 좀 모았다고 흥청망청 써 버리면 진짜 써야 할 때 곤란해집니다. 돈은 모으는 것 못지않게 소중히 관리하는 일도 중요합니다.

부자들은 젊었을 때부터 아끼고 저축하는 습관이 몸에 밴 사람입니다. 그들은 단돈 10원이라도 생기면 눈을 질끈 감고 은행으로 달려갔습니다. 원금이 이자를 낳고 이자는 또 다른 이자를 낳습니다. 이렇게 해서 저축한 돈이 눈덩이처럼 불어나 재산이 늘게 된 것입니다.

저축은 개인만 부자로 만드는 게 아니라 나라도 부유하게 합니다. 은행은 개인이 저축한 돈으로 자금이 필요한 기업에 대출을 해 줍니다. 기업은 이 돈으로 공장 설비를 증설하거나 신규 사업에 투자할 수 있죠. 기업의 투자는 일자리를 만들어 내고 더 많은 수출을 가능하게 해서 결국 국가 경제를 살찌게 합니다. "원금이 있어야 이자가 발생한다"라는 말은 경제를 이해할 때 빼놓을 수 없는 중요한 원리입니다.

이자

대부분의 사람은 은행 같은 금융 기관에 돈을 맡겨 놓습니다. 이때 돈을 맡긴 기간이 얼마인가에 따라 맡긴 돈, 즉 원금보다 더 많은 돈을 받습니다. 맡긴 돈과 돌려받는 돈의 차이를 이자라고 합니다. 돈을 은행에 맡기는 것은 다른 물건을 사고 싶은 욕망을 억제한 결과입니다. 은행은 그 대가를 이자로 갚습니다.

돈을 빌렸을 때도 마찬가지입니다. 은행은 다른 곳에 쓰는 대신 사람들에게 돈을 빌려줍니다. 돈을 빌린 사람은 그 대가로 은행에 이자를 지불합니다. 이처럼 이자는 '경제활동에는 비용이 발생한다'는 원칙에 따릅니다.

이자의 액수는 맡긴 돈의 양, 맡긴 기간, 돈의 값어치(금리)에 따라 달라집니다. 여기서 돈의 값어치는 돈을 쓰려는 사람이 많아지면 올라가고 적어지면 내려갑니다. 수요와 공급의 원칙에 따라 돈의 값어치가 결정되는 것입니다.

저축을 할까?
소비를 할까?

개미와 베짱이

무더운 여름날 개미는 땀을 흘려 열심히 먹이를 모았습니다. 베짱이는 그런 개미를 보고 물었습니다.

"주위에 먹을 것이 이렇게 많은데 왜 힘들게 일을 하지? 나처럼 노래를 부르면서 여름을 즐겨 보라고."

그러자 개미가 말했습니다.

"곧 겨울이 올 거야. 지금부터 먹이를 모아 두어야 겨울을 보낼 수 있어. 너도 그렇게 놀지만 말고 겨울을 대비해 두는 게 좋을 거야."

하지만 베짱이는 전혀 걱정하지 않았습니다. 지금 이렇게 먹을 것이 풍성한데 갑자기 먹이들이 모두 사라질 리가 없다고 생각했습니다.

"개미야, 넌 도대체 무엇을 걱정하고 있는 거야? 먹을 건 얼마든지 있어. 하루아침에 이 풍성한 먹이들이 없어지기라도 한다는 거야?"

개미는 베짱이의 말에 아랑곳 않고 일을 계속했습니다. 베짱이는 그런 개미를 비웃으면서 노래를 불렀습니다.

시간이 흘러 겨울이 왔습니다. 숲 속은 꽁꽁 얼어붙고 눈이 쌓여 먹을 것이라고는 찾아볼 수가 없었습니다. 개미는 여름 동안 부지런히 모아 둔 먹

개미야, 밥 좀 줄래?

그러게, 일 좀 하지 그랬어 ‥‥

이를 창고 가득히 쌓아 놓고 있었기 때문에 아무런 걱정도 없었습니다.

그러던 어느 날 먹이를 찾지 못해서 굶주리던 베짱이가 개미의 집으로 찾아와 먹이를 나눠 달라고 애원했습니다.

"개미야 먹을 것을 좀 주지 않겠니?"

그러자 개미가 대답했습니다.

"여름에 양식을 미리 준비해 놓지 그랬니?"

"나는 노래를 불러야 했기 때문에 그럴 시간이 없었어."

"아~ 그랬니? 여름에는 실컷 노래를 불렀으니까 겨울에는 추위 때문에 춤을 좀 추어야 하겠구나!"

나중을 대비해 부지런히 일하라는 메시지가 담긴 유명한 이야기입니다. 그런데 과연 언제나 저축만이 옳을까요?

흔히들 아는 것처럼 저축은 많이 하고 소비는 줄이는 게 맞습니다. 하지만 그게 늘 옳은 것은 아닙니다. 만약 사회에 개미 같은 사람들만 있다면 그것 또한 문제가 될 수 있습니다. 현대사회에서는 베짱이처럼 놀기 좋아하고 소비를 즐기는 사람도 있어야 경제가 한 단계 더 발전한다는 것이 틀림없는 사실이 되었습니다. 개미 같은 사람들만 있다면 국가가 부유해져야 하는데 오히려 가난해질 수 있다는 얘기죠. 왜 그럴까요?

우리나라는 1960년대 초 경제개발을 시작하면서 국민에게 저축을 장려해 왔습니다. 공장을 만들고 산업자본을 모으기 위해서 국민들이 근검절약하고 저축을 많이 하도록 하는 게 필요했던 거죠. 그래서 정부는 해마다 저축을 많이 한 사람에게 훈장도 주고 '저축왕'을 뽑는 등 캠페인을 했습니다. 국민들의 저축은 산업자본을 모으는 데 결정적인 기여를 했고 국가 경제가 도약하는 밑거름이 됐습니다.

그때는 저축이 미덕이었습니다. 하지만 경제가 어느 정도 성장하고 나서는 사정이 달라졌습니다. 공장들이 잘 돌아가서 물건들이 쏟아져 나왔으나 소비가 제대로 안 됐던 거죠. 그러자 이번엔 거꾸로 소비를 부추기는 정책을 썼습니다. 신용카드의 사용을 확대한 것이 대표적입니다.

소비는 생산을 부른다

저축과 소비의 긴밀한 관계를 살펴보기로 하죠. 일을 해서 돈을 벌면 필요한 데 쓰고 나머지는 저축을 하게 됩니다. 그런데 저축 액수만 늘리고 씀씀이를 줄인다면 어떻게 될까요? 상품을 사는 사람이 갑자기 줄면 물건을 파는 기업도 장사가 안 될 겁니다. 이때 기업은 공장을 돌리지 못하고 직원들을 해고하거나 임금을 깎을 수밖에 없죠. 실업이 늘고 경기가 위축되는 등 경제가 불안해집니다. 소득이 줄어든 사람은 장래에 회사에서 쫓겨날지도 모른다는 불안감으로 허리를 더 졸라맬 거예요. 그렇게 되면 경제는 더 움츠러들겠죠.

경기가 좋지 않아서 소득이 줄면 저축을 늘리려고 해도 늘릴 수 없는 상황이 되는 것이죠. 소비를 줄여 저축을 늘리려고 한 것이 소득을 줄게 만들고 저축도 줄게 하는 결과를 빚는 것입니다. 이쯤 되면 저축은 미덕이 아닙니다. 너무 많은 저축은 오히려 경제에 도움이 안 됩니다. "과소비는 문제지만 적당한 소비는 경제를 살린다"는 말도 이래서 나오는 거고요.

세상은 개미 같은 사람만 있어서는 돌아갈 수 없습니다. 베짱이도 현대 경제에서는 중요한 위치를 차지하고 있습니다.

80 대 20 법칙

우리가 알고 있는 것처럼 모든 개미가 부지런한 것만은 아니라고 하는군요. 죽어라 일하는 개미, 우왕좌왕하며 생색만 내는 개미, 아예 일할 생각은 안 하고 빈둥거리는 개미처럼 다양한 모습의 개미들이 어울려 살고 있다고 합니다. 어느 생태학자의 조사에 의하면 개미들 가운데 20% 정도는 아주 열심히 일하고 60% 정도는 그저 그렇게 일을 하고 나머지 20%는 아예 일할 생각을 하지 않는답니다.

결국 20%에 속하는 부지런한 개미가 80%를 먹여 살린다는 것이죠. 이것을 '80 대 20'의 법칙이라고 합니다. 인간 생활도 이 법칙이 적용됩니다. 상위 20%가 사회경제적인 현상의 80% 정도를 좌지우지한다는 것이죠.

80 대 20 법칙은 이탈리아의 경제학자 빌프레도 파레토(Vilfredo Pareto, 1848~1923)가 처음 주창했습니다. 그는 19세기 영국의 부와 소득의 유형을 연구하다가 부의 불균형 현상으로 전 인구의 20%가 국가 전체 부의 80%를 차지했다는 사실을 발견했습니다. 그런데 어떤 시대, 어떤 나라를 분석해 봐도 이러한 부의 불균형 비율이 유사하게 존재한다고 합니다.

80 대 20 법칙이 존재하는 또 다른 예를 들어 보겠습니다.

- 20%의 운전자가 전체 교통 위반의 80% 정도를 차지한다.

- 20%의 범죄자가 80%의 범죄를 저지른다.

- 20%의 조직원이 그 조직의 80%의 일을 수행한다.

- 전체 상품 중 20%가 매출액의 80%를 담당한다.

- 전체 고객의 20%가 전체 매출액의 80%를 만든다.

세상을 움직이는 돈

금괴를 땅에 묻은 구두쇠

재물을 목숨보다 더 소중하게 여기는 구두쇠가 있었습니다. 그는 자기 수중에 들어온 돈은 단 한 푼도 쓰지 않고 계속 모으기만 했습니다. 재산을 잃어버릴까 봐 항상 걱정하면서 살던 구두쇠는 그것을 땅속에 묻어 두면 도둑을 맞거나 잃어버리지 않을 거라 생각했습니다.

그래서 모든 재산을 금괴로 바꾸어 구덩이에 묻어 두었습니다. 그리고 마치 자기의 목숨이라도 되는 것처럼 소중하게 여겼습니다. 날마다 보물이 묻혀 있는 곳으로 가서 흐뭇하게 바라보다가 집으로 돌아오곤 했습니다. 구두쇠에게는 금괴를 바라보는 것이 인생의 유일한 행복이었습니다.

그런데 하인 한 명이 우연히 그 광경을 목격하게 되었습니다. 하인은 구두쇠가 자주 가는 곳에 어떤 물건이 묻혀 있는지 몹시 궁금했습니다. 그래서 혼자 몰래 가서 땅을 파 보았습니다. 그러자 엄청난 양의 금괴가 나오는 게 아니겠어요? 깜짝 놀란 하인은 금괴를 가지고 멀리 도망쳐 버렸습니다. 그 사실을 알게 된 구두쇠는 보물이 모두 사라진 텅 빈 구덩이를 보면서 통곡했습니다.

　마침 그 옆을 지나가던 나그네가 구두쇠에게 눈물을 흘리는 이유를 물었습니다.

　"아니, 당신은 무슨 일을 당했기에 그리 슬프게 울고 있습니까?"

　구두쇠는 자신의 억울하고 원통한 처지를 설명했습니다. 그러자 나그네는 이렇게 말했습니다.

"당신은 그 금괴를 진짜로 가지고 있었다고는 말할 수 없어요. 차라리 돌멩이를 땅속에 묻어 두고 금덩어리를 묻어 두었다고 생각하지 그러세요? 당신처럼 금괴를 묻어 두기만 한다면 금덩어리나 돌멩이나 마찬가지일 테니까요."

아무리 많은 돈을 가지고 있어도 그것을 쓰지 않으면 소용이 없습니다. 재산은 행복한 생활을 하기 위한 도구이지 그 자체가 목적이 아니기 때문입니다. 재산을 쌓아 놓고 바라보기만 한다면 그것은 마치 돌덩이를 모아 두고 있는 것과 다를 게 없습니다. 만약 우화 속의 욕심쟁이 구두쇠가 '돈이 돈을 번다'는 경제 원리를 알았다면 금괴를 땅속에 묻는 바보짓은 안 했을 겁니다.

은행 저축을 예로 들어 보겠습니다. 은행에 돈을 넣어 두면 이자가 생깁니다. 그러면 원금이 불어나죠. 이런 식으로 오랜 세월이 지나면 이자가 이자를 낳으면서 원금이 2배, 3배 불어납니다. 사업을 해도 마찬가지입니다. 사업을 처음 시작할 때 들어가는 밑천을 자본이라고 합니다. 사업이 성공해 이익이 생기면 자본도 커집니다. 돈이 장롱 속에서 묵지 않고 경제라는 울타리 안에서 움직이면서 마치 세포처럼 증식하게 되는 것입니다.

돈이 돈을 번다

자본주의라는 말은 자본, 즉 돈이 움직이는 경제체제라는 의미가 담겨 있습니다. 가장 핵심적인 기능을 맡고 있는 것이 돈이죠. 자본은 크게 나누어 자기자본과 타인자본으로 나눌 수 있습니다. 사람들은 자기 돈만 가지고 사업을 하지 않습니다. 다른 사람들로부터 투자를 받기도 하고 은행 등의 금융기관에서 돈을 빌려 사업 자금을 마련합니다. 이때 본인의 돈을 자기자본이라고 하고 남의 돈을 타인자본이라고 합니다.

자본주의의 꽃이라고 하는 주식회사의 예를 들어 볼까요? 주식회사란 회사를 설립할 때 자금을 댄 사람들에게 주식이라는 증서를 발행하는 기업을 말합니다. 이 경우 자금을 투자한 사람들을 주주라고 하며 자금을 많이 투자할수록 갖게 되는 주식의 양도 많아집니다. 주식회사에서는 주주가 주인이므로 주식을 발행해서 모은 돈은 자기자본이 되고 그 외의 돈은 모두 타인자본이 됩니다. 심지어 대주주가 되는 사장이 낸 돈도 주식으로 바꾸지 않으면 타인자본이 됩니다.

자기자본은 주식을 발행해서 출자받은 자본금과 기업이 이익을 내 회사 안에 모은 이익잉여금으로 구성됩니다. 따라서 자기자본이 많은 회사일수록 재무 상태가 건전하다고 볼 수 있습니다.

하지만 많은 기업들이 자기자본만으로는 사업을 하기가 어려워서 은행 등에 신세를 집니다. 말하자면 타인자본인 부채는 꼭 갚아야 할 돈이며 빚이나 다름없습니다. 돈을 빌리면 이자를 주어야 하기 때문에 장사가 안 될 경우 타인자본은 큰 짐이 됩니다. 이에 반해 자기자본은 갚지 않아도 되고 배당금(회사가 주주에게 나눠 주는 이익금으로 손해를 보면 배당금을 줄 필요가 없습니다) 이외에는 이자와 같은 비용의 부담이 없습니다.

　타인자본이 많으면 그 회사는 빚이 많다고 할 수 있습니다. 은행은 돈을 빌려 간 회사의 사정이 어려워지면 대출금의 일부를 주식으로 바꾸는 출자전환을 하기도 합니다. 그러면 은행이 그 회사의 주주가 됨과 동시에 회사의 입장에서는 자기자본이 늘고 타인자본이 줄게 되므로 재무 구조가 좋아집니다.

재테크

　재테크란 여유 자금으로 재산을 불리는 경제행위를 말합니다. 하지만 재테크를 통해 돈을 벌기란 쉽지 않습니다. 그래도 사람들이 재테크에 뛰어드는 것은 경제발전으로 개인의 소득이 늘어나 여유 자금이 많아졌기 때문입니다. 그리고 주식과 부동산 값이 상승해서 은행 이자보다 수익이 나아졌기 때문입니다.

재테크 대상으로는 주식과 부동산이 대표적입니다. 그렇다고 보험이나 은행 저축이 재테크가 아니냐 하면 그렇지 않습니다. 주식과 부동산은 가격의 오르내림이 커서 수익이 높은 대신 위험도 만만치 않습니다. 원금이 사라질 수도 있다는 얘기죠. 그래서 주식을 위험 자산으로 분류한답니다.

어느 경우라도 주식이나 부동산에 가진 돈을 몽땅 투자해서는 안됩니다. 은행 저축이나 보험 같은 안정적인 금융자산에 분산시키는 것이 재테크의 기본입니다. '여러 개의 달걀을 한 바구니에 담지 말라'는 속담을 떠올리면 쉽게 이해가 될 것입니다.

현재가치와
미래가치

나이팅게일과 매의 불발된 거래

몸집이 작은 새 나이팅게일은 아주 고운 목소리를 가졌습니다. 나이팅게일은 매일 참나무 가지에 앉아서 즐겁게 노래를 불렀습니다. 그러던 어느 날 먹이를 찾던 사나운 매가 나이팅게일을 발견했습니다.

"저 녀석이라도 잡아먹는 것이 좋겠어."

배가 몹시 고팠던 매는 번개처럼 날아와 나이팅게일을 낚아챘습니다. 매가 가까이 다가오는 것도 모르고 노래만 부르고 있던 나이팅게일은 달아날 수가 없었습니다. 당장 목숨이 끊어지게 생긴 나이팅게일은 간절한 목소리로 애원했습니다.

"매 님, 저는 아주 작은 새예요. 저를 잡아먹더라도 배를 채울 수는 없을

테니 제발 저를 놓아 주세요. 정말로 배가 고프시다면 더 큰 비둘기나 토끼
를 잡아먹는 것이 나을 거예요."

하지만 매는 나이팅게일의 애원을 뿌리치며 말했습니다.

"미안하다, 작은 새야. 하지만 내가 아직 구경도 못한 먹이를 위해 이미
내 발톱 안에 들어온 너를 놓아 준다면 그보다 더 멍청한 짓이 어디 있겠
니? 그러니까 너라도 우선 확실하게 먹어 두는 게 좋겠어."

불쌍한 나이팅게일은 매의 먹이가 되고 말았습니다.

더 큰 먹잇감을 찾기 위해 이미 손아귀에 들어온 것을 그냥 놓아 주는 것은 어리석은 일입니다. 나이팅게일의 처지는 몹시 불쌍하지만 매의 입장에서는 놓아 주지 않는 것이 현명합니다. 경제생활의 목적은 효용, 즉 주관적 만족감을 최대한 늘리는 데 있습니다. 그런데 효용의 가치는 시간과 반비례하는 특성이 있습니다. 오늘의 효용이 내일의 효용보다 더 값진 것이죠.

매가 왜 나이팅게일을 살려 주지 않았는지 생각해 보면 쉽게 이해할 수 있습니다. 매는 언제 잡힐지 모르는 비둘기보다 눈앞에 있는 나이팅게일이 훨씬 값어치가 있다고 봤습니다. 결과적으로 매는 '현재가치' 계산법으로 현재와 미래의 먹잇감을 평가한 셈입니다.

현재가치를 설명하기에 앞서 중국의 고전《열자(列子)》에 나오는 이야기를 소개하겠습니다.

춘추전국시대에 송나라의 저공이란 사람이 원숭이를 많이 기르고 있었습니다. 어느 날 먹이가 부족해지자 저공은 원숭이들에게 "앞으로 너희들에게 주는 도토리를 아침에 3개, 저녁에 4개로 제한하겠다"고 했습니다. 원숭이들이 화를 내며 아침에 3개를 먹고는 배가 고파 못 견딘다고 했습니다. 그래서 저공은 "그렇다면 아침에 4개를 주고 저녁에 3개를 주겠다"고 하자 원숭이들이 좋아했다는 것입니다. 원숭이들은 도토리를 아침에 3개, 저녁에 4개 받거나 아침에 4개, 저녁에 3개를 받거나 하루에 모두 7개를 받는 사실은 변함이 없는데도 4개를 먼저 받는다는 눈앞의 이익에 현혹되어 상대에게 설득당한 것입니다. 반면 저공은 같은 수의 도토리를 주고도 원숭이들의 불만을 무마할 수 있었습니다.

여기서 유래한 고사성어가 바로 그 유명한 '조삼모사(朝三暮四)'입니다. 눈앞의 이익만 보고 결과가 같은 것을 모르는 어리석음을 비유하거나, 남을 농락하여 사기나 협잡술에 빠뜨리는 행위를 비유하는 말로도 사용됩니다.

그런데 과연 이야기 속 원숭이들은 정말로 미련한 짓을 한 걸까요? 꼭 그렇지만은 않습니다. 경제학적으로 보면 원숭이들은 미련하기는커녕 사람보다도 훨씬 똑똑한 녀석들이라고 평가할 수 있습니다. 똑같은 먹이라고 해도 저녁에 먹는 것과 아침에 먹는 것 사이에는 분명한 차이가 있으니까요. 이런 차이를 아는 원숭이들에게 '경제적 동물'이라는 별명을 붙여 줘도 전혀 손색이 없을 듯합니다.

미래가치를 현재가치로 환산해 보자

누구라도 당장 받을 수 있는 100만 원이 1년 후에 받게 될 100만 원보다 더 낫다고 생각합니다. 100만 원을 빌려 쓴 사람이 1년 후에 이자를 덧붙여 이보다 더 큰 금액을 갚아야 하는 것만 보아도 알 수 있죠. 따라서 같은 수량의 먹이일 경우 아침에 먹는 것이 저녁에 먹는 것보다 더 낫다는 결론이 나옵니다.

경제학을 배우지 않은 사람도 1년간의 이자율이 25%라면 1년 후에 받게 될 100만 원이 현재 가지고 있는 가치는 80만 원이라는 것을 잘 압니다. 100만 원이라는 금액에 이자율을 더한 1.25로 나누어 할인함으로써 80만 원이라는 답을 얻을 수 있습니다. 이를 가리켜 경제학에서는 1년 후에 받게 될 100만 원의 현재가치를 80만 원이라고 합니다. 우리는 할인이라는 개념을 도입함으로써 미래에 발생할 효용이 현재 시점에서 어떤 가치를 갖는지 계산할 수 있습니다.

이번에는 한나절 동안의 이자율이 1%라고 가정하고, '조삼모사' 고사에서처럼 두 가지 먹이 주는 방법을 현재가치로 환산해 비교해 봅시다. 우선 처음 제의한 대로 아침에 3개, 저녁에 4개를 주는 경우의 현재가치는 다음과 같습니다.

$$저녁에 \; 먹을 \; 도토리 \; 4개 \div 이자율 \; 1.01$$
$$= 3.96 + 아침에 \; 먹을 \; 도토리 \; 3개$$
$$= 6.96개$$

저녁에 먹을 수 있는 4개를 1.01이라는 숫자로 나누어 아침 현재의 가치로 환산하면 3.96개가 됩니다. 아침에 먹을 수 있는 3개의 현재가치는 물론 그대로 3개죠. 따라서 아침의 3개와 저녁의 4개라는 조합을 아침 현재의 가치로 표현하면 6.96개가 됩니다.

이번에는 아침에 4개, 저녁에 3개를 주는 방법의 현재가치를 계산해 봅시다.

$$\text{저녁에 먹을 도토리 3개} \div \text{이자율 } 1.01$$

$$= 2.97 + \text{아침에 먹을 도토리 4개}$$

$$= 6.97\text{개}$$

저녁의 세 개를 1.01로 나누어 현재가치를 구하면 2.97개가 됩니다. 여기에 아침의 4개를 더해 얻은 6.97개가 새로운 방법의 현재가치인 셈이 되죠.

이 두 방법 중 후자가 더 이익이라는 결론이 나옵니다. 후자와 전자의 차이가 0.01개에 불과하지만 오랜 세월 쌓이면 무시할 수 없는 크기가 됩니다. 이 미세한 차이까지 알고 있었던 원숭이들은 우둔하기는커녕 현명한 동물이라고 할 수 있습니다.

편익과 비용

경제행위의 결과인 효용을 금전적으로 나타낸 것을 '편익'이라고 합니다. 경제생활이 합리적이려면 편익이 비용보다 커야겠죠. 경제학에서는 편익과 비용을 분석하는 것을 굉장히 중요한 과제로 삼고 있습니다. 이 분석에는 여러 가지 기법이 사용되는데, 현재가치를 이용한 분석 방법이 가장 널리 쓰이고 있습니다.

올해와 내년에 각각 10억 원, 50억 원씩 똑같은 비용이 들어가는 사업 A와 사업 B가 있다고 합시다. 그런데 A는 올해 50억 원, 내년에 70억 원을, B는 올해 70억 원, 내년에는 50억 원의 편익이 있다고 할 때 어떤 사업을 선택해야 할까요? A와 B는 편익이 비용보다 크기 때문에 둘 다 타당성이 있는 사업입니다. 그렇지만 편익의 현재가치는 다르죠? 이 점에서는 A보다 B가 유리합니다. 따라서 사업 B가 합리적인 선택이 되는 것이죠.

〈현재가치 비교〉

사업	비용		편익		편익의 현재가치
	올 해	내 년	올 해	내 년	
A	10	50	50	70	116.66
B	10	50	70	50	117.61

* 단위: 억 원, 이자율 연 5%

정부는 공공사업을 진행할 때 현재가치를 따집니다. 그래야 사업을 효율적으로 추진할 수 있기 때문입니다. 가령, 지하철을 건설하면 교통체증 완화, 대기오염 감소 등의 효과가 예상됩니다. 비용으로는 공사비와 소음·먼지 발생, 교통 혼잡의 유발 등을 꼽을 수 있겠죠. 지하철 사업을 해야 할지 여부에 대한 의사 결정은 미래에 발생할 편익과 비용을 현재가치로 환산해 비교분석한 결과를 놓고 이루어집니다. 편익이 비용보다 커야 타당한 사업이라는 사실은 두말할 필요가 없고요.

위험과 수익의
시소 타기

작은 섬의 풍뎅이 두 마리

어느 작은 섬에 황소 한 마리가 한가롭게 풀을 뜯고 있었습니다. 검은 풍뎅이와 점박이 풍뎅이는 황소 곁에서 소의 배설물을 먹고 살았습니다. 황소가 풀을 뜯어먹고 똥을 누면 풍뎅이들이 서둘러 날아와 똥을 먹었죠.

그런데 겨울이 되자 소가 먹을 수 있는 풀의 양이 많이 줄었습니다. 소의 배설물도 점차 줄어 풍뎅이들도 먹을 것이 줄었습니다.

어느 날 검은 풍뎅이가 점박이 풍뎅이에게 말했습니다.

"이곳은 먹을 것이 적으니까 나는 육지로 건너가서 겨울을 나고 오겠어."

"하지만 그건 너무 위험하지 않겠어?"

점박이 풍뎅이가 걱정스레 물었습니다. 풍뎅이가 바다를 건너는 일은 큰 모험이었기 때문입니다. 하지만 검은 풍뎅이는 위험을 각오하고 바다를 건너갈 생각이었습니다.

"내가 떠나고 너 혼자 이 섬에 남아야 소의 배설물을 충분히 먹을 수 있지 않겠니? 만약 내가 육지에서 맛있는 먹이를 발견하면 나중에 돌아올 때 많이 가져다줄게."

결국 검은 풍뎅이는 먼 길을 떠났습니다. 여행은 아주 위험하고 힘들었습니다. 검은 풍뎅이는 고생 끝에 겨우 바다를 건너 육지에 도착했습니다. 다행히 그곳에서 많은 먹이를 구할 수 있었습니다.

겨울이 지나고 봄이 왔습니다. 살이 찌고 아주 건강해진 검은 풍뎅이가 섬으로 돌아왔습니다. 점박이 풍뎅이는 제대로 먹지 못해서 바싹 말라 있었습니다.

"육지에는 먹을 것이 아주 많았나 보구나. 그런데 돌아올 때 먹을 것을 가지고 온다고 하고서는 왜 빈손이니?"

점박이 풍뎅이가 따지고 들자 검은 풍뎅이는 이렇게 대답했습니다.

"미안하지만 나를 탓하지는 마. 어쩔 수 없었어. 육지에는 먹을 것이 아주 많았지만 여기까지 가지고 오는 것은 불가능한 일이었어."

점박이 풍뎅이는 노력을 하지 않고 검은 풍뎅이가 먹을 것을 가져오기만을 기다렸습니다. 사람이나 동물이나 자기 스스로 행동하지 않으면 먹고 살기 힘들게 돼 있습니다. 때로는 어렵고 힘든 일을 겪어야 하고 위험한 모험을 할 수도 있어야 합니다. 그리고 위험한 모험일수록 성공의 열매는 달고 값집니다.

돈을 벌기 위한 사업이나 투자는 모두 위험이 따릅니다. 이는 맨 앞 장에서 배운 '경제에 공짜란 없다'라는 경제행위의 대전제를 생각하면 쉽게 이해할 수 있습니다. 여기서 위험이란 손해를 가져오거나 심지어 밑천을 날리게 되는 요인을 말합니다. 그러니까 될 수 있는 대로 위험을 줄이는 게 돈을 버는 것이 되겠죠.

반대로 돈을 많이 버는 일은 그만큼 위험이 크다는 말입니다. 이를 '고위험, 고수익' 원칙이라고 합니다. 영어로는 '하이 리스크, 하이 리턴(High Risk, High Return)'이라고 하죠.

좀 더 알기 쉽게 설명해 볼까요? 사람들은 대개 자기 돈을 투자할 때 최소한 원금을 잃어버리지 않기를 바라고 수익은 그 후에 생각하게 됩니다.

위험이 0%, 수익률이 100%인 어떤 사업이 있다고 합시다. 일단은 원금을 손해 볼 일이 없으니 투자를 생각해 보겠죠. 그 후에 수익률이 얼마인가를 볼 거예요. 많은 사람들이 너도나도 이 사업에 투자하겠다고 하면 자금의 수요보다 공급이 많아지겠죠. 그러면 사업을 벌이는 쪽에서는 필요한 자금이 모이는 수준까지 수익률을 낮추고 싶을 거예요. 돈을 빌려주는 입장에서 보면 수익률이 높을수록 좋지만 돈을 빌리는 사람에겐 낮을수록 좋죠. 그래야 돈을 빌리는 비용을 줄일 수 있으니까요. 최소비용으로 최대효과를 낸다는 경제 원칙을 생각하면 이해가 쉽습니다.

위험성과 수익성은 반비례한다

어쨌든 이 사업의 수익률은 돈을 빌리는 쪽과 빌려 주는 쪽의 이해가 맞아떨어질 때까지 한없이 내려갑니다. 위험률 0%, 수익률 100%의 환상적인 사업은 이 세상에 없습니다. 보통 위험이

0%이면 수익률은 기껏해야 5%도 안 되는 게 현실입니다.

반대로 어떤 사업의 위험률이 80%일 때는 사람들이 투자하지 않으려 들 거예요. 그러면 자금이 필요한 사람과 자금을 빌려 줄 사람 사이에 불균형이 발생하겠죠. 즉 수요가 공급보다 많아지면 수익률이 변합니다. 사업을 벌이는 사람은 필요한 자금을 얻기 위해 수익률을 200%, 300%로 올릴 것입니다. 자신이 원하는 자금이 모일 때까지 말이에요. 그래서 위험이 높으면 수익도 커지는 것입니다. 다시 말해 위험성이 높으면 보상이라도 많아야 사람들이 투자를 한다는 얘기죠.

은행예금과 주식의 예를 들어 보죠. 예금을 할 경우 최소한의 안정된 이자 수입과 원금을 보장받을 수 있지만 큰돈을 벌기는 어렵습니다. 주식을 사는 경우에는 돈을 잃을 위험은 있지만 노력 여하에 따라 은행예금과는 비교도 안 되는 큰돈을 벌 수 있습니다. 벤처기업에 투자하는 투자자도 마찬가지입니다. 여러 사람들로부터 자금을 모아 사업을 시작하는 벤처기업은 성공할 경우 투자자들에게 큰 이익을 돌려주지만 실패할 위험이 매우 높습니다. 통상 벤처기업이 성공할 확률은 10%도 안 되는 것으로 알려져 있습니다.

결국 큰돈은 저절로 굴러들어 오는 것이 아니라 엄청난 위험 부담의 대가이며, 이는 도전과 모험 정신에서 비롯된다는 것을

명심해야 합니다. 모험 정신이 없다면 돈도 모으기 어려운 것이
경제의 법칙 중의 하나입니다.

투자와 투기

투자와 투기는 원론적으로 소득이 있느냐, 없느냐에 따라 구분합
니다. 소득이 있으면 투자, 없으면 투기라고 합니다.

어떤 집을 1억 원에 샀다가 2억 원에 팔 경우 1억 원의 이득이 생
깁니다. 이때 이득은 소득이 아니라 사고팔 때의 가격 차이를 남기
는 것이기 때문에 투기입니다. 만약 팔지 않고 월 100만 원에 세를
주면 100만 원의 이득이 생깁니다. 이것은 투자의 대가로 얻는 소득
입니다.

요약하면 투자는 소득을, 투기는 가격 차이(자본이득)를 얻으려고
한다는 점에서 서로 다릅니다. 하지만 현실적으로 둘 사이를 명확히
구분하기는 어렵습니다. 또 어떤 것이 나쁘다고 단정 짓기도 곤란합
니다. 투자가 나쁠 때도 있고, 투기가 좋을 때도 있습니다.

예를 들면 주식 투자자들은 사고팔 때 가격 차이를 노립니다. 투기
인 셈이죠. 그렇지만 나라에서는 주식을 하지 말라고 금지하기는커
녕 오히려 장려하고 있습니다.

일부에서는 주식을 사는 행위가 배당금이라는 소득을 얻는 목적도 있으니 투자로 봐야 한다고 주장합니다. 또 정부는 부동산 시장이 지나치게 침체되었을 경우 은근슬쩍 투기의 불씨를 살려 부양에 나서기도 합니다. 다만 투자든 투기든 정도가 지나쳐서 경제 사회에 해가 될 때에는 어떤 식으로든 규제를 해야 마땅합니다.

약자도 승리할 수 있는
비교우위

석류나무와 사과나무, 올리브 나무의 다툼

어느 농장에 석류나무와 사과나무, 올리브 나무가 나란히 자라고 있었습니다. 세 나무 모두 농부의 정성스런 보살핌을 받으면서 탐스러운 열매를 맺기 위해 부지런히 노력했습니다. 그러던 어느 날 나무들 사이에 말다툼이 벌어졌습니다. 서로 자신의 열매가 가장 좋은 열매라고 자랑을 하기 시작한 것입니다.

먼저 석류나무가 말했습니다.

"내 열매가 가장 훌륭해. 빨간 구슬처럼 촘촘히 매달린 내 열매는 정말 아름답거든."

그러자 사과나무가 코웃음을 치면서 말했습니다.

"보기에만 아름다우면 뭐하니? 내 열매야말로 모든 과일들 중에서 왕이라고 할 수 있을 만큼 맛있지. 잘 익은 내 열매를 보면 누구도 따 먹지 않고는 견딜 수 없을 거야."

이번에는 올리브 나무가 나섰습니다.

"보기에 아름답거나 맛이 좋은 게 전부는 아니야. 기름을 만드는 내 열매야말로 사람들에게 없어서는 안 돼. 음식을 만들 때뿐만 아니라 신들에게 제사를 지낼 때도 내 열매로 만든 기름이 필요하거든? 그러니까 올리브보다 더 훌륭한 열매가 어디 있겠니?"

그러자 석류나무와 사과나무가 서로 잘났다고 시끄럽게 떠들었습니다. 나무들의 싸움이 격렬해지자 농장 울타리 밖에서 가만히 듣고 있던 산딸기가 점잖은 목소리로 한마디 했습니다.

"우리는 나름대로의 가치를 가지고 있어. 사람들은 우리 모두를 소중하게 생각할 거야. 그러니까 이제 말다툼은 그만하도록 하자."

이 이야기는 누구나 장점을 가지고 있으며 이를 잘 살린다면 모두에게 이득을 준다는 교훈을 전하고 있습니다. 모든 면에서 뛰어난 팔방미인이 아니라도 남들에게 없는 능력이 한 가지만 있다면 얼마든지 자부심을 가지고 살 수 있다는 얘기입니다.

이 우화로 경제 용어인 '비교우위'를 설명할 수 있어요. 비교우위는 상대방과 비교해 능력 따위가 앞선다는 말로, 국가 간에 무역이 어떻게 이루어지는지를 설명해 주는 핵심 이론입니다. 자신이 잘하는 분야에 집중하는 대신(이것을 '특화한다'고 말합니다) 그렇지 않은 분야는 남에게 의존하는 전략이 경제적으로 이득이 된다는 게 비교우위 이론을 연구하는 학자들의 주장입니다.

간단한 예를 들어 볼게요. 흥부네 가족이 배를 타고 바다를 건너다가 풍랑을 만나 외딴 섬에 머물게 됐습니다. 아무도 살지 않는 그 섬에는 감자와 조개 외에는 먹을 게 없었어요. 흥부는 한나절 동안 감자 6개와 조개 3개를 구했고, 그의 아내는 감자 1개와 조개 2개를 얻을 수 있었습니다.

흥부네는 어떻게 해야 무인도에서 살아남을 수 있을까요? 흥부는 아내보다 감자를 캐고 조개를 잡는 능력이 모두 뛰어납니다. 그렇다고 흥부만 일을 할 수는 없죠. 각자가 상대적으로 잘하는 일을 한다면 더 많은 감자와 조개를 생산할 수 있습니다. 두 사람을 비교하면 흥부는 조개 잡이보다 감자 캐기를 더 잘합니다. 아내에 비해 감자(6-1=5)를 5개 더 얻지만 조개(3-2=1)는 1개만 더 얻을 뿐이죠. 흥부 아내는 남편보다 감자를 5개 덜 얻지만 조개는 1개만 덜 얻습니다. 흥부 아내는 조개를 감자보다 더 쉽게 구할 수 있겠죠? 결국 흥부는 감자에, 흥부의 아내는 조개에 비교우위가 있다고 할 수 있습니다.

흥부네는 각자 비교우위가 있는 일만 하면 더 잘살 수 있습니다. 흥부가 감자 12개, 흥부 아내가 조개 4개를 구하면 모두 합쳐서 '16'개를 얻을 수 있기 때문입니다. 따로따로 일했을 경우에 얻을 수 있는 12개보다 4개를 더 많이 얻게 된 것이죠. 어때요, 신기하죠?

비교우위를 통한 상생 경제

비교우위를 처음으로 학설로 발전시킨 사람은 영국의 고전학파 경제학자 데이비드 리카도(David Ricardo, 1772~1823)입니다. 리카도는 국내에서는 생산비가 저렴한 상품을 특화해서 생산하고 생산비가 많이 드는 상품은 무역 상대국과 맞교환하는 것이 서로에게 유리하다고 주장했습니다. 이것을 '비교생산비설'이라고 합니다.

A와 B라는 나라가 있다고 합시다. A와 B 모두 신발과 컴퓨터를 생산합니다. A는 특별한 신발 제조 기술이 있어서 1시간 동안 10켤레의 신발을 만들 수 있습니다. 반면 B는 5켤레밖에 못 만듭니다. 즉 A가 2켤레의 신발을 만들 때 B는 1켤레를 만들 수 있다는 것이죠. 이를 A가 B에 대해 신발 생산에서 비교우위에 있다고 합니다. 반면 컴퓨터 생산에서는 B가 기술 능력이 높아 1시간에 컴퓨터 20대를 만들어 내지만 A는 5대밖에 생산해 내지 못합니다. 이때는 B가 A에 대해 컴퓨터 생산에서 비교우위에 있다고 말합니다. 2시간 동안 생산 능력을 살펴보면 A는 신발 10켤레와 컴퓨터 5대를, B는 신발 5켤레와 컴퓨터 20대를 각각 만들 수 있습니다. 만약 각자가 비교우위에 있는 상품만을 전문적으로 생산한다고 계산할 때 A는 신발 20켤레, B는 컴퓨터 40대를 생산해 낼 것입니다.

각자의 나라에서 소비에 필요한 양을 제외하고 A는 신발 10켤레를 B에게 주고, B는 컴퓨터 20대를 A에게 준다면 결과적으로 A와 B는 둘 다 신발 10켤레와 컴퓨터 20대씩을 가지게 됩니다. 이전과 비교할 때 A는 컴퓨터 15대가, B는 신발 5켤레가 각각 늘어났습니다. 비교우위가 마술이라도 부린 것 같네요.

이러한 비교우위는 국가 사이의 무역에도 그대로 적용되며 이 것이 바로 자유무역을 지지하는 이론적 근거가 됩니다.

시계를 만들 때의 생산비는 시계 제작 기술이 뛰어난 스위스가 우리나라보다 적습니다. 반도체를 생산할 때의 생산비는 반대로 우리나라가 스위스보다 적습니다. 이때 스위스는 시계 생산에, 우 리나라는 반도체 생산에 비교우위를 지닌다고 말합니다. 시계 생 산에 비교우위를 갖고 있는 스위스는 시계를 생산하여 수출하고, 반도체 생산에 비교우위를 갖고 있는 우리나라는 반도체를 생산 하여 수출합니다. 이처럼 비교우위에 기초해 자유무역을 함으로 써 시계 산업과 반도체 산업의 총생산량은 비교우위 원리에 기초 하지 않을 때보다 커지게 되고, 결국 두 나라는 모두 자유무역으 로부터 이득을 얻습니다.

비교우위의 논리를 전 세계로 확대하면 어떻게 될까요? 각국은 저마다 비교우위에 있는 산업을 특화시켜 생산하고, 이를 다른 나라로 자유롭게 수출하는 것이 바람직하다는 결론에 도달합니 다. 비교열위(比較劣位)에 있는 자국의 산업을 보호하기 위한 보 호무역보다는 비교우위에 기초한 자유무역으로 사람들이 더 많 은 재화와 서비스를 좀 더 저렴한 가격에 소비할 수 있게 된다는 것이 자유무역 옹호론자들이 주장하는 논리의 근거입니다.

최근 발효된 한국과 미국, 한국과 유럽 국가들 간의 자유무역협정(FTA, Free Trade Agreement)은 바로 이러한 논리에서 출발합니다. 무역 당사국들끼리 자유무역을 하면 서로 이익을 얻는 '윈윈 게임(Win-Win Game)'이 된다는 인식이 커져서 앞으로 국가 간 거래의 대세로 자리 잡을 가능성이 큽니다.

산딸기의 말처럼 석류나무와 사과나무, 올리브 나무도 서로 다투지 말고 각자의 열매를 집중적으로 잘 키운다면 농장은 더 없이 풍요로움을 만끽하게 될 것입니다. 비교우위 이론에 따른 무역 거래의 이로운 점과 무척 비슷한 이야기죠?

자유무역협정

자유무역협정(FTA)이란 지리적으로 인접한 두 나라 혹은 그 이상의 나라들이 공동으로 서로 무역자유화를 꾀하고, 비(非)가맹국에 대해서는 무역상 차별적 조치를 취하는 협정을 말합니다. FTA 참가국 간에는 상품 이동에 대한 무역 제한 조치나 관세를 철폐하여 자유무역을 보장합니다.

최근에는 FTA의 적용 대상 범위가 넓어지고 있죠. 관세 철폐 외에 서비스 및 투자 자유화까지 포함하는 게 일반적 추세입니다. 이 밖에 지적재산권, 정부 조달 분야 등으로도 적용 범위가 확대되고 있어요. 우리나라는 얼마 전 유럽연합에 이어 미국과 FTA를 체결했습니다. 그 결과 관세 때문에 비싸던 오렌지 값이 크게 떨어졌죠. 또 관세 인하로 가격경쟁력이 생겨서 우리나라의 유명 대기업의 수출량이 늘어났다고 합니다.

FTA는 경제를 개방함으로써 생산성 향상에 기여한다는 평가를 받고 있어 앞으로도 협정을 체결하려는 국가가 늘어날 전망입니다.

노동의 가치

농부가 포도밭 아래 묻어 놓은 보물은?

어느 마을에 큰 병이 들어 죽을 날이 얼마 남지 않은 농부에게 한 가지 근심이 있었습니다. 자식들이 농사를 제대로 지어 본 경험이 없었기 때문에 자기가 죽고 나면 어떻게 살아갈지 걱정이었어요. 농부는 자식들에게 포도 농사를 잘 짓는 법을 일러 주고 싶었습니다. 그래서 자식들을 모두 불러 말했습니다.

"얘들아, 이제 나는 살날이 얼마 남지 않은 것 같구나. 내가 죽거든 너희가 저 포도밭을 일구도록 해라."

농부는 농사일을 대수롭지 않게 생각하는 자식들의 손을 잡고 차분한 목소리로 말했습니다.

"예전에 내가 너희들을 위해 포도밭에다가 값진 보물을 숨겨 두었단다. 그것을 찾아서 행복하게 살도록 하여라."

죽는 순간까지도 자식들을 걱정하던 농부는 이 말을 남기고 숨을 거두었습니다.

자식들은 서둘러 포도밭으로 달려가서 땅을 파헤치기 시작했습니다. 그러나 보물을 찾을 수가 없었습니다. 아무리 포도밭을 파내도 보물이 나오지 않자 자식들은 몹시 실망하고 말았습니다.

그런데 그해 가을이 되자 포도밭에는 작년보다 몇 배나 더 많은 포도송이가 열렸습니다. 농부의 자식들이 깊게 판 땅이 아주 기름져서 풍성한 수확을

올해는 유난히 포도가 실하군.

할 수 있었던 것이죠. 자식들은 새삼스레 아버지의 말을 떠올렸습니다.

"아, 아버지께서 말씀하신 보물은 바로 이것이었구나!"

잘 익은 포도송이를 수확하면서 자식들은 비로소 아버지의 깊은 뜻을 이해할 수 있었습니다.

이 이야기는 노동으로 얻은 수확이 최고의 보물이라는 사실을 일깨워 주고 있습니다. 노동은 가치 있는 목표를 위해 쏟아붓는 노력입니다. 돈을 벌기 위한 일 외에도 엄청나게 많은 일들이 노동의 범주에 들어갑니다. 어머니께서 집안일을 하는 것도 노동입니다. 노동에는 대가가 따라야 하니 어머니도 당연히 보상을 받아야 하겠죠.

우리는 노동을 통해서 당장의 기쁨을 뒤로 미룰 줄 알고, 보상을 받는 방법을 배우며, 그런 보상을 받을 만한 자격을 갖춘 사람이 되는 방법도 깨달아 갑니다. 이러한 노동의 기능 때문에 일을 하는 사람은 자부심이 커지고 만족스런 생활을 하게 됩니다. 또 늘 균형 잡힌 삶, 방향성이 뚜렷한 삶을 살 수 있습니다. 더구나 노동은 육체적 건강과 정신적 기쁨을 가져다줍니다.

노동하지 않는 사람에게는 인생의 목표가 없습니다. 그런 사람은 인생이라는 배가 침몰하지 않고 꾸준히 항해할 수 있도록 만

들어 주는 목표나 꿈이 전혀 없는 인생을 살아가죠. 그런 인생은 새로운 기능을 배울 필요도 없고 자신을 생산적인 방향으로 이끌 수도 없습니다.

요즘은 될 수 있으면 일을 적게 하고 많은 수입을 올리려는 한 탕주의, 기회주의, 이기주의가 노동의 가치를 좀먹고 건전한 사회 분위기를 해치고 있습니다. 대표적으로 부동산 투기를 들 수가 있죠. 투기는 노동을 하지 않고 쉽게 큰돈을 벌려는 행위입니다. 잘만 하면 한몫 잡을 수 있다는 생각에 땅이나 집 등을 필요 이상으로 사들이는 투기꾼들을 자주 봅니다. 부동산 투기는 집 없는 사람들을 고통에 빠지게 하고, 열심히 일하는 보통 사람들의 의욕을 떨어뜨립니다. 더욱이 그런 돈은 생산적인 곳으로 흘러가지 않아서 경제를 망가뜨리기도 합니다.

가치를 생산하는 노동

투기하는 사람들의 끝은 많은 경우에 비참합니다. 쉽게 벌어 쉽게 쓰고, 일확천금을 노리다가 패가망신하거나 자살하는 예는 주위에 얼마든지 있습니다. 나라에서 투기가 발을 못 붙이도록 여러 제도적인 장치를 마련해 놓고 규제를 하는 것은 이런 이유들 때문입니다.

이솝이 살던 그 옛날에도 한탕주의에 빠진 사람이 많았던 모양입니다. 그래서 이 이야기를 통해 그런 유혹에 흔들리지 말고 땀 흘려 열심히 일해야 한다고 말하고 있습니다. 노동이야말로 하늘이 인간에게 내린 가장 귀중한 선물이라는 사실을 일깨워 주네요.

임금

노동은 보통 금전적으로 보상받습니다. 이것을 임금(賃金)이라고 합니다. 매달 월급을 받는 입장에서 보면 임금은 많을수록 좋습니다. 그렇지만 기업은 어떻게 하든 임금을 적게 주어 생산에 들어가는 비용을 줄이려고 합니다. 노동자와 기업 사이에서 일어나는 노사 갈등의 대부분은 임금 문제에서 출발합니다.

노동도 하나의 상품입니다. 상품에 가격에 매겨지듯이 노동도 품질이나 양에 따라 가격이 달라지는 것입니다. 자기 몸값을 무조건 높여 달라는 노동자나 이런 시장 원리를 무시하고 임금을 깎으려는 기업이나 둘 다 옳지 않습니다.

지나치게 높은 임금은 노동자의 생활수준을 높여 줄지는 모르지만, 기업의 인건비 증가로 지출이 늘어나면 생산 축소로 인해 노동자의 실업을 일으킬 위험성이 있습니다. 반대로 지나친 저임금은 기업에는 유리할지 모르나 노동 의욕을 잃게 하고 인재를 양성하는 데

차질을 빚게 해 결국 기업 활동에 악영향을 미칩니다. 이렇게 볼 때 적정한 임금 수준은 기업이 가지고 있는 재정 능력이나 노동의 생산성(노동을 투입했을 때 나오는 생산물의 가치)을 감안해 결정하는 게 좋습니다.

3장

두 얼굴을 가진 경제

인플레이션의 함정

배부른 여우의 슬픔

몹시 굶주린 여우가 숲 속을 걷고 있었습니다. 여우는 배가 너무 고파서 먹을 것이 없는지 주위를 두리번거렸습니다.

"사흘이나 굶었더니 배가 완전히 홀쭉해졌네. 먹을 것 좀 없을까?"

그 순간 여우는 어디선가 음식 냄새를 맡았습니다. 군침을 흘리며 냄새를 따라간 여우는 커다란 참나무에 뚫린 구멍 속에서 맛있는 빵과 고기를 발견했습니다. 어느 양치기가 먹고 남겨 둔 음식이었습니다. 여우는 몸을 비틀어 구멍 속으로 들어갔습니다. 그리고 양치기의 음식들을 깨끗이 먹어 치웠습니다.

"아, 배부르다!"

기분이 좋아진 여우는 구멍에서 나오려고 했지만 한꺼번에 너무 많은 음식을 먹고 나니 배가 불러서 구멍 밖으로 나갈 수가 없었습니다.

"이상하다. 구멍이 더 작아졌나?"

애를 썼지만 도저히 밖으로 나갈 수 없자 여우는 눈물을 흘리면서 자신의 신세를 한탄하기 시작했습니다.

"당장의 배고픔을 모면하려고 구멍 속으로 들어왔다가 나갈 수 없게 되었구나. 아마 난 이곳에서 양치기에게 붙잡힐 거야."

여우는 큰 소리로 울기 시작했습니다.

우연히 그곳을 지나던 또 다른 여우 한 마리가 참나무 구멍 속에서 울고 있는 여우를 발견했습니다.

"도대체 왜 거기서 울고 있니?"

구멍 속의 여우는 울먹이면서 어떻게 된 일인지를 말해 주었습니다. 사정을 알게 된 여우는 웃으면서 말했습니다.

"너는 정말 어리석구나. 그런 일 때문에 울고 있다니… 아무 걱정도 하지 마. 구멍 속으로 들어갈 때만큼 배가 홀쭉해지길 기다리면 되는 거야. 그러면 구멍에서 쉽게 빠져나올 수 있을 거야."

음식을 배불리 먹은 여우는 구멍 속에 갇힌 신세가 되고 말았군요. 뒷일을 생각지 않고 여우처럼 행동했다가는 곤경에 빠질지도 모릅니다. 여우의 상황과 비슷한 경제 현상이 있습니다.

경기가 좋아지면 사람들의 호주머니는 두둑해지고, 씀씀이가 헤퍼집니다. 그러면 소비가 늘어나 물가는 오릅니다. 물가가 오르는 경제현상을 '인플레이션(Inflation)'이라고 합니다. 줄여서 '인플레'라고도 하죠. 인플레가 생기면 시장은 큰 혼란을 겪게 됩니다. 1,000원 하던 배추 값이 5,000원이 된다고 생각해 보세요.

소득이 늘지 않는 한 사람들의 호주머니는 금세 얇아질 겁니다.

빵과 고기를 너무 많이 먹어서 여우가 구멍 속에 갇힌 것처럼, 수입이 조금 늘었다고 씀씀이가 헤퍼지면 인플레라는 함정에 빠질 수도 있습니다.

그럼, 인플레가 왜 나쁜 것인지 자세히 설명해 보겠습니다. 많은 사람들은 열심히 일을 하고 일정한 금액의 월급을 받아 살아갑니다. 그리고 이렇게 정해진 수입으로 가족을 부양하고 미래를 대비해 저축을 합니다. 그런데 물가가 계속 오르면 같은 금액의 월급으로 살 수 있는 물건이 전보다 적어져서, 일정한 수입으로 살아가는 사람들에게는 실제로 소득이 줄어드는 결과가 생깁니다. 하루하루 생활조차 어려질 수도 있죠.

또 물가가 오랫동안 계속 오르면 사람들은 물가가 으레 오르는 것이라는 생각으로 돈을 아껴서 저축을 하기보다는 아파트, 땅과 같은 부동산이나 값비싼 물건들을 사 두려고 합니다. 이렇게 되면 인플레가 인플레를 부르는 상황이 계속됩니다.

경제를 요동치게 하는 인플레이션

인플레가 지속되면 물건이나 부동산을 많이 가진 사람은 더 많은 돈을 벌게 되는 반면, 집 없는 서민들은 더욱 가난해져서 잘사는 사람과 못사는 사람 사이의 빈부 격차가 한층 커지게 됩니다.

그래서 정부에서는 인플레 조짐이 나타나면 이자율(금리)을 올려 시중의 돈을 거둬들이는 조치를 취합니다. 이자율이 오르면 사람들은 소비보다는 저축을 하게 되고 기업은 투자를 줄이게 되므로 물가 상승이 진정될 수 있습니다.

인플레와 반대되는 개념으로 '디플레이션(Deflation)'이 있습니다. 디플레이션은 오랫동안 경기 침체가 계속되면서 물가가 하락하는 것을 말합니다. 물가가 떨어지는 건 좋은 현상 아니냐고요? 전혀 그렇지 않아요. 디플레이션이 되면 사람들은 소비를 줄입니다. 그럼 물가는 떨어지겠지만 기업은 장사가 안 되겠죠. 기업은 장사가 안 될 경우 일자리를 줄이거나 아예 문을 닫을 수도 있습니다. 그렇게 되면 일자리가 없는 상태인 실업이 늘어납니다. 이는 다시 소비 심리를 움츠러들게 해서 경기 침체의 속도를 빠르게 하는 요인으로 작용합니다.

그렇다면 인플레이션과 디플레이션 중 어떤 것이 더 나쁠까요? 인플레이션은 소득이 줄어드는 효과를 주지만 디플레이션은 아예 돈을 못 버는 실업 상태를 부를 수도 있습니다. 디플레이션이 더 나쁘다고 할 수 있죠.

스태그플레이션

스태그플레이션(Stagflation)은 경기 침체 중에도 물가가 오르는 상황을 말합니다. 인플레이션과 디플레이션의 결합이라 할 수 있는 최악의 경제 상황이라고 할 수 있습니다. 스태그플레이션은 경기 침체로 이익이 줄어든 기업이 손해를 안 보려고 물건 값을 올리면서 시작됩니다. 물건 값이 올라가면 소비자는 수요를 줄이게 돼 결국 경기 침체와 실업 증가를 부르게 됩니다.

스태그플레이션은 1930년대 세계 경제 대공황 때 처음 발생했습니다. 그 이전까지의 경제 현상은 인플레이션이나 디플레이션이 반복된 데 반해 대공황 당시에는 경기 침체 중에도 물가가 오르는 스태그플레이션이 처음으로 나타났던 것입니다.

1970년대 초에도 스태그플레이션이 발생했습니다. 중동 지역의 전쟁 때문에 국제 기름 값이 치솟자 각종 제품 값이 덩달아 뛰었고 기업은 쓰러졌습니다. 많은 사람이 일자리를 잃었는데 물가까지 올라 이중의 어려움에 처했습니다.

스태그플레이션은 인플레나 디플레와는 달리 뾰족한 처방약이 없다는 데 문제가 있습니다. 이 함정에 한번 빠지면 정부나 기업 가계 등 경제주체는 끔찍한 고통을 겪게 됩니다.

위험한
거품경제

황소와 개구리

새끼 개구리들이 숲 속으로 소풍을 갔습니다. 난생처음 연못 밖으로 나온 개구리들은 신나게 노래를 부르며 즐거워했습니다. 그때 풀을 뜯고 있는 큰 황소 한 마리를 보게 되었습니다.

"오, 저게 뭘까? 정말 크다."

모두들 처음 보는 동물의 이름이 뭔지 궁금했습니다.

"우리 아빠한테 물어보자."

새끼 개구리들은 서둘러 집으로 돌아와서 아빠 개구리에게 물었습니다.

"아빠, 저희들 이상한 동물을 보았어요."

"그래? 어떻게 생겼니?"

새끼 개구리들이 그 동물은 머리에 뿔이 달렸고 덩치가 엄청 크다며 온 가족이 힘을 합쳐도 절대 이길 수 없을 것이라고 떠들었습니다. 아빠 개구리는 도대체 그 동물이 뭔지 알 수가 없었습니다.

"그럼 내 몸보다 크니?"

아빠 개구리는 배에 바람을 넣기 시작했습니다. 그 동물이 훨씬 더 크다고 새끼들이 말하자, 아빠는 배에다 더 많은 바람을 넣었습니다.

그래도 아니라는 새끼들의 대답에 화가 난 아빠 개구리는 자꾸만 배에 바람을 넣다가 결국 배가 터져 버렸습니다.

경제에서도 이런 비극적인 현상이 종종 발생합니다. 자기 분수에 넘치는 줄도 모르고 배를 한껏 부풀렸다가 뻥 하고 터진 아빠 개구리처럼, 증권시장에서는 급하게 오르던 주식 가격이 갑작스레 떨어져 많은 사람들이 손해를 봤다는 뉴스를 자주 듣게 됩니다. 이것을 '거품 현상'이라고 표현합니다. 영어의 '버블(Bubble)'에서 나온 말이죠.

거품은 가격이 민감하게 움직이는 주식이나 부동산에서 많이 생깁니다. 거품은 언젠가는 반드시 터지므로 주식이나 부동산 값이 오른다고 무조건 좋아할 일은 아닙니다. 거품이 빠지면 많은 사람들이 손실을 입고 사회적으로 문제가 생기기도 합니다.

그러면 왜 가격에 거품이 생기는 것일까요? 일반적으로 경기가 좋아지면 시중에 돈이 많이 돌아다닙니다. 마땅히 투자할 곳을 찾지 못한 돈은 단기간으로 이익을 남길 수 있는 주식과 부동산으로 몰려듭니다. 그렇게 되면 이들의 가격은 비정상적으로 움직이게 됩니다. 주식과 부동산은 물건들과 마찬가지로 시장에서 사려는 양과 팔려는 양이 일치될 때 적정한 가격(이것을 시장가격이라고 합니다)이 형성되는데, 사려는 양이 상대적으로 많아지면 이 가격에 거품이 생기기 시작합니다.

부동산과 주식의 값이 오른다는 소문의 영향으로 잘만 하면 큰 돈을 벌 수 있다는 기대 심리가 생기면 너도나도 투자에 나섭니다.

그러면 그 거품은 더욱 커지고, 그러다가 어느 한계에 다다르면 터지고 맙니다. 사람들은 거품이 터지고 나서야 뒤늦게 후회를 하죠.

뻥튀기 된 가치, 거품경제

거품이 생기는 원인은 크게 두 가지로 분석됩니다. 하나는 돈을 줄였다 풀었다 하는 정부의 금융정책과 관련이 깊습니다. 정부에서 금융정책을 느슨하게 펴면 돌아다니는 돈이 많아져 돈의 가치가 떨어지고, 저축보다는 주식이나 부동산 같은 실물 자산에 관심이 커집니다. 또 하나는 일반인의 정보 부족입니다.

주식의 예를 들어 볼까요? 어느 기업이 뛰어난 발명품을 개발했습니다. 이 회사의 주식을 사면 돈을 번다는 소문만 듣고 많은 사람이 몰려듭니다. 이때 미리 주식을 갖고 있던 쪽에서 어느 정도 값이 올랐다고 보고 사람들이 몰리는 때를 기다렸다가 주식을 팔아 치웁니다. 부족한 정보로 주식을 사려는 사람들 때문에 주가에는 거품이 생기고 거품이 사라지면 결국 이 사람들만 골탕을 먹게 됩니다.

거품 현상은 경제에 악영향을 미칩니다. 주식과 부동산 값이 폭락했다고 가정해 볼게요. 당장 소비 심리가 움츠러듭니다. 이것이 지속될 경우 앞에서 배운 디플레이션이 진행됩니다.

이웃 나라 일본은 부동산 가격 등의 거품 붕괴 → 소비 급감

→ 생산 위축 → 소득 감소 → 경기 침체 과정을 거치고 있습니다. 일본 경제가 무려 20년 이상 무기력증에 빠진 사실은 거품이 얼마나 무서운 것인가를 잘 일깨워 주죠.

세계 최초의 거품 붕괴 사건

거품은 지나친 기대에서 생기는 것이라고 앞에서 배웠습니다. 인류 역사상 최초의 거품은 17세기 네덜란드에서 있었던 '튤립 투기'에서 발생한 거품입니다. 1635년 네덜란드에서는 튤립 한 뿌리의 가격이 하룻밤에도 2~3배씩 천정부지로 치솟는 기현상이 벌어졌습니다. 이 가격 폭등은 얼마 지나지 않아 진정됐지만 멋모르고 산 사람은 꽤 오랫동안 후유증을 겪었습니다. 이후에도 철도, 방송, 전기 등 새로운 산업이 등장할 때마다 거품 현상이 일어났습니다.

20세기 말 인터넷의 출현도 엄청난 거품을 몰고 왔습니다. 우리나라도 예외는 아니었죠. 인터넷을 기반으로 한 사업이라고 일단 소문만 나면 사람들이 회사의 재정 상태 등을 따져 보지 않고 주식을 사들이는 바람에 주가가 수십, 수백 배나 뛰는 광란의 투기장이 형성됐던 것입니다. 시간이 흐르면서 냉정을 찾자는 분위기가 되자 주가 거품은 하루아침에 가라앉고 수많은 사람이 알거지가 되었답니다.

상대적 빈곤에
대하여

다리 위에서 고기를 놓친 개

개 한 마리가 우연히 고기 한 덩어리를 주웠습니다. 커다란 고기를 얻게
되자 몹시 기분이 좋아진 개는 고깃덩어리를 물고 신이 나서 달렸습니다.

"얼른 집에 가서 혼자 먹어야지."

개는 서둘러 집으로 향했습니다. 그런데 다리를 건너던 중 문득 강물이
흐르는 다리 밑을 내려다봤습니다. 거기에는 자기보다 더 큰 고깃덩어리를
물고 있는 개가 있었습니다.

'저 녀석이 더 큰 고깃덩어리를 가졌네? 저걸 빼앗아야겠다.'

다리 위의 개는 강물에 비친 개의 고깃덩어리를 빼앗으려고 큰 소리로
위협하면서 사납게 짖었습니다.

"멍멍!"

다리 위의 개가 입을 크게 벌려 큰 소리로 짖기 시작하자 개가 물고 있던 고깃덩어리는 강물 속으로 떨어지고 말았습니다. 개는 깜짝 놀라서 강물을 바라보았습니다. 강물에 비친 개의 입에서도 고깃덩어리가 사라지고 없었습니다.

자신의 모습이 강물에 비친 것이라는 사실을 깨닫지 못한 개는 욕심을 부린 바람에 진짜 고깃덩어리마저 잃어버리고 말았습니다.

우 리 속담에 '남의 떡이 커 보인다'라는 말이 있습니다. 자기 것에 만족하지 못하고 남의 것을 욕심내는 것을 말합니다. 누구나 한 번쯤 이런 경험을 해보았을 것입니다. 이야기 속의 개처럼 쓸데없는 욕심을 부리면 자신이 소중하게 지켜 온 것마저 잃어버리기 십상입니다.

이 우화는 자본주의의 골칫거리 중 하나인 '상대적 빈곤' 현상을 잘 설명해 주고 있습니다. 인간은 기본적인 생활에 꼭 필요한 의식주 등의 기본 수요를 충족하면, 즉 '절대적 빈곤'을 해결할 수 있게 되면 다른 사람과의 격차를 인식하기 시작합니다. 이것이 상대적 빈곤입니다. 예를 들어 대부분의 사람이 자동차를 가지고 있는데 어느 가족은 돈이 없어 차를 살 수 없다면, 그 가족은 설령 먹고사는 데는 지장이 없다고 하더라도 스스로 가난하다고 생각할 수 있습니다.

소비주의 문화가 부른 상대적 빈곤

상대적 빈곤은 경제적으로 불평등한 사회에서 나타나는 현상입니다. 본인의 소득이 그 사회의 평균 소득에 못 미치는 사람들은 뭔가 억울하게 빼앗긴 듯한 상태에 놓이게 된다고 하네요. 이런 계층의 사람들을 상대적 빈곤층이라고 부릅니다. 선진국에서는 가구 소득이 그 나라 평균 소득의 50% 이하인 사람들을 상대적 빈곤층으로 봅니다. 개발도상국에서는 평균 소득의 3분의 1 이하를 상대적 빈곤층으로 분류합니다.

상대적 빈곤은 소비주의 문화에서 두드러지는 심각한 증상으로 개인이나 사회에 부정적인 영향을 미칩니다. 개인적으로 남과 비교해서 가진 것이 적다는 상대적 빈곤감은 자신감을 상실케 하고 심한 경우 좌절감을 넘어 우울증에 이르게 합니다.

빈부 격차와 계층 간의 소득 차이 때문에 상대적 빈곤감이 증폭되면 사회가 불안해집니다. 그래서 경제발전의 일정한 단계를 지나고 나면 정부가 빈부 격차 문제와 복지 정책에 역점을 두는 것입니다.

한편 절대적 빈곤이란 생존에 필요한 최저한의 물자조차 확보하지 못해서 극도로 빈곤한 상태를 일컫습니다. 아프리카의 여러 나라들은 지금도 절대적 빈곤에서 벗어나지 못하고 있으며, 우리나라도 한국전쟁 직후 국민 대부분이 절대적 빈곤에 허덕였습니다.

전시효과

상대적 빈곤과 비슷한 개념으로 '전시효과'라는 용어가 있습니다. 자신의 소득 수준에 맞는 소비와 지출을 하지 않고 남이 하는 대로 따라하는 것을 말합니다. 전시회에 간 사람이 새로운 것을 흉내 내는 모습을 비유하는 것에서 생긴 말로 '시위효과'라고도 합니다.

전시효과는 소득 수준이 상대적으로 낮은 집단에서 자기 자신을 과시하려는 허영심에서 생깁니다. 변변치 못한 벌이는 생각지 않고 부자들의 소비 행태를 흉내 내다가 허리가 휜다는 것이죠.

개인 소비에서 전시효과가 가장 두드러지게 나타나는 예는 상품의 품질이나 용도보다는 특정 상표, 즉 브랜드에 집착하는 소비 행위에서 볼 수 있습니다. 능력도 안 되면서 빚까지 얻어 값비싼 외국산 명품을 사들이는 행태가 그 예입니다. 전시효과에 의한 소비는 품질이나 가격은 아랑곳 않고 브랜드만 선호하는 것이므로 올바른 소비 행태가 아닙니다. 세계적으로 유명한 상품이라도 자신의 필요와 소득에 비추어 과분한 것이라면 미련 없이 포기할 줄도 알아야 합니다.

전시효과는 선진국을 따라하려는 후진국 사람들의 소비 수준을 높이므로 결국 저축을 감소시키는 요인이 됩니다. 이는 국가적으로 보았을 때 외채(외국으로부터 빌리는 빚) 비율을 높이는 원인이 됩니다. 후진국 외채의 적지 않은 부분은 전시효과에 따른 과소비에서 비롯됩니다.

고마워요, 외부경제

숯장수와 세탁소 주인

한 마을에 숯장수가 살고 있었습니다. 그는 커다란 나무를 잘라서 숯을 만들어 상점에 내다 팔았습니다. 어느 날 숯장수의 상점 근처에 세탁소를 운영하는 사람이 이사를 왔습니다. 숯장수는 새로운 이웃에게 인사를 하려고 세탁소로 달려갔습니다.

"안녕하세요? 나는 근처에서 숯을 파는 사람입니다. 만나서 반갑습니다."

"나는 세탁소를 운영하고 있습니다. 더러운 옷을 깨끗하게 빨아 주는 일을 하죠."

두 사람은 바쁘지 않은 날이면 함께 식사를 하거나 산책을 하며 친구가 되었습니다.

"세탁하는 일이 힘들지 않나?"

"힘들지, 자네도 숯을 구워서 파는 일이 쉽지 않을 것 같은데?"

서로를 격려하면서 사이좋게 지내던 어느 날 숯장수는 세탁소를 찾아갔
습니다.

"자네와 나는 무척 친한 사이가 아닌가? 그런데 자네의 세탁소도 그렇
고 내가 운영하는 상점도 여러 가지로 비용이 많이 드네. 그래서 말인데 자
네의 세탁소와 내 숯 가게를 합치는 것이 어떨까?

숯장수의 말을 가만히 듣고 있던 세탁소 주인은 고개를 저으면서 말했습
니다.

"자네는 말도 안 되는 소리를 하고 있네! 아무리 우리가 친해도 그렇게 할 수는 없네."

숯장수는 세탁소 주인의 말을 이해할 수 없었습니다.

"왜 그러나? 나는 자네가 기뻐할 줄 알았는데… 자네가 반대하는 이유를 모르겠네."

"자네도 한번 생각해 보게. 내가 옷을 깨끗하게 만들어 놓아도 자네의 숯이 조금이라도 묻으면 당장 지저분해질 것 아닌가!"

세탁소 주인은 숯 가게 근처로 이사를 가면 이전보다 장사가 훨씬 잘되리라는 것을 알았던 것 같습니다. 옷에 숯을 묻힌 사람들을 별다른 노력 없이 새로운 고객으로 확보할 수 있으니까 얼마나 좋았겠어요.

경제에서는 정상적인 거래 활동을 통하지 않고 이익을 얻는 것을 '외부경제'라고 합니다. 이 이야기에서 세탁소 주인은 숯장수라는 외부경제를 누리고 있는 셈이죠.

외부경제는 실생활에서도 자주 나타납니다. 길거리에서 흘러나오는 음악이 그 예입니다. 음반 가게들이 경쟁적으로 좋은 음악을 틀어 주는 덕에 음반을 사지 않고도 그 근처에만 가면 음악을 감상하며 만족감을 느낄 수 있습니다.

반대로 다른 사람의 행동으로 불쾌감이나 손해를 보는 경우도 있습니다. 공공장소에서 담배를 피우는 사람들 탓에 고통을 느끼는 사람도 많습니다. 외부경제가 좋은 영향을 말하는 것이라면, 이 담배 연기같이 사람들에게 나쁜 영향을 끼치는 것을 '외부비경제'라고 합니다. 만약 물고기를 양식하는 어느 마을에 공장이 들어서 폐수를 흘려보낸다고 합시다. 마을의 물은 오염되고 양식장의 물고기들은 병이 들어 죽게 됩니다. 이 마을의 공장 폐수가 바로 외부비경제를 일으키는 것이죠. 이 이야기에서 세탁소와 숯장수의 가게를 합치면 숯장수는 세탁소의 외부비경제가 되고 말겠죠?

뜻밖의 수확, 외부경제를 이용하라

생산 활동에서의 외부경제는 경제적 이득을 가져다줍니다. 가령 꿀벌을 치는 양봉업자가 과수원 주변에 산다면 과일나무의 수정이 잘돼 더 많은 과일을 얻을 수 있습니다. 양봉업자의 입장에서도 과수원의 꽃들 덕에 벌들의 꿀 채집 활동이 왕성해지고, 꿀수확도 늘어나 이득을 봅니다.

도심에 지하철이 놓이면 외부경제의 효과가 뚜렷이 나타납니다. 일단 이동 인구가 많아져 상가는 장사가 잘될 것이고 땅값이 오르면서 주변의 아파트 주민은 재산이 불어납니다. 자연환경도 사람에게 외부경제 효과를 가져다줍니다. 숲이 우거지면 맑은 공기를 마실 수 있고 여름에 비가 내려도 홍수가 나지 않습니다.

좋은 환경을 가꾸고 지하철을 건설하는 등으로 외부경제를 생기게 하려면 많은 비용이 들어갑니다. 그렇다면 이 비용은 누가 댈까요? 이런 활동에 들어가는 비용은 국민들이 낸 세금으로 충당합니다. 외부경제를 늘리고 외부비경제를 막는 것은 정부의 중요한 역할 중 하나입니다. 기업이나 가계는 직접적인 이득만을 얻으려 하기 때문에 정부가 나설 수밖에 없는 것이죠.

내부경제

어느 과자 공장에서 하루 10상자의 과자를 생산하는 데 밀가루를 10포대씩 소비한다고 합시다. 과자가 잘 팔려 20상자를 생산하게 되었을 때 밀가루는 20포대가 들어갑니다. 밀가루 구매를 늘리다 보니 밀가루 가게에서 포대당 만 원을 싸게 계산해 주었습니다. 이 경우 2만 원이 절약됩니다. 이처럼 내부적으로 생산량에 따라 생산비가 감소하는 것을 내부경제라고 합니다.

내부경제는 다른 말로 '내부절약'이라고도 합니다. 내부경제가 생기는 원인으로는 분업, 기술 발전, 판매 비용의 절감, 경영 비용의 절약 등이 있습니다. 이런 내부경제 덕분에 대량생산 시대가 열렸고 이는 제1차 산업혁명을 불러왔습니다.

한편, 대량생산이 어느 정도 진행되자 예기치 못한 결과도 생겼습니다. 대량생산으로 절감한 생산비를 계속 투자해서 생산을 늘리자 물건이 소비되지 않고 남는 과잉생산이 된 것입니다. 이를테면 과자의 수요가 20상자인데 30상자나 생산했다면 10상자는 남는 거죠. 과잉생산은 낭비를 초래하고 오히려 비용을 증가시키는 요인입니다.

이처럼 내부경제가 비대해져 비용 상승이 나타나는 것을 내부비경제라고 합니다. 내부경제와 내부비경제는 기업 내부의 사정에 의해 생긴다는 점에서 외부경제와 외부비경제와는 다릅니다.

완전경쟁과
불완전경쟁

토끼와 거북이의 경주

토끼가 거북이를 느림보라고 놀리자 거북이가 토끼에게 말했습니다.

"토끼야, 걸음이 빠르다고 자랑하지 마. 누가 더 빠른지는 경주를 해봐야 아는 거란다."

토끼는 그 말에 크게 웃으면서 대답했습니다.

"좋아! 그렇다면 누가 더 빠른지 경주를 한번 해보자."

마침내 달리기 경주를 하는 날이 되었습니다. 출발 신호와 함께 토끼와 거북이는 건너편 산등성이까지 달리기를 시작했습니다. 토끼는 당연히 자기가 더 빠르다고 생각하고 서둘러 깡충깡충 뛰어갔습니다. 목표 지점의 절반에 다달아 뒤를 돌아보았는데 아직 거북이는 보이지 않았습니다.

"시시해. 거북이는 아직 멀었겠지. 여기서 잠깐 쉬었다 가도 될 거야."

그러던 토끼는 그만 깊은 잠에 빠지고 말았습니다.

얼마 후 잠에서 깨어난 토끼는 깜짝 놀라 거북이가 어디까지 갔는지 찾아보았습니다. 한 번도 쉬지 않고 땀을 뻘뻘 흘리면서 열심히 기어간 거북이는 산등성이에 거의 도착한 상태였습니다. 정신을 차린 토끼는 아무리 빨리 달려도 거북이보다 먼저 도착할 수는 없었습니다. 결국 거북이가 경주에서 승리했습니다.

일어나! 토끼야!

누가 나를 부르나?

토끼와 거북이 이야기의 주제는 경쟁입니다. 하지만 여기에는 하나의 단서가 붙습니다. 경쟁은 공정한 규칙에 따라 정정당당하게 펼쳐져야지 어느 한쪽이 우세한 조건이면 안 된다는 것이죠.

토끼와 거북이의 경주는 공정한가요? 사실은 그렇지 않습니다. 원래 토끼는 산에 사는 동물이고 거북이는 뭍에서도 살기는 하지만 주로 바다에 사는 동물입니다. 당연히 뭍에서 달리기를 하면 토끼가 거북이보다 유리할 수밖에 없죠.

거북이를 앞서 달리게 해야지 토끼와 같은 시간에 같은 출발선에서 경주를 시키는 것은 무의미합니다. 그러니까 각자의 처한 상황이 다른 토끼와 거북이가 함께 살아가는 세상이 되려면 경쟁 룰부터 바꿔야 합니다.

자본주의경제에서 경쟁은 꼭 필요합니다. 만약 어떤 대기업이 중소기업들을 다 죽이고 시장에서 혼자만 살아남았다고 칩시다. 그러면 그 기업은 가격을 마음대로 올렸다 내렸다 하면서 시장을 주무르겠죠? 경쟁자 없이 공급자가 단 하나인 경우를 경제학에서는 '독점'이라고 하고 몇몇의 소수인 경우를 '과점'이라 합니다. 둘을 합쳐 '독과점'이라고 하는데, 독점이나 과점 모두 경쟁의 원리를 해칩니다.

각 나라들이 시장에서 독과점이 생기지 않도록 여러 형태의 장치를 만들어 놓는 것은 바로 토끼와 거북이의 부당한 게임을 막기 위해서입니다.

시장의 실패를 야기하는 독과점

시장은 경쟁자가 많을수록 좋습니다. 활발하게 경쟁을 하는 과정에서 물건 값도 떨어지고 품질 좋은 물건도 만들어지기 때문입니다. 반대로 독과점 시장에서는 경쟁이 없기 때문에 공급자가 가격을 올리거나 높은 가격을 유지하기 위해 공급을 마음대로 조절합니다. 품질을 개선하려는 노력도 별로 하지 않을 것이고요. 결국 소비자들만 피해를 보게 됩니다.

그래서 정부에서는 독과점을 규제합니다. 독과점 기업이 생산한 제품에 대해 일정 수준 이상으로 가격을 올리지 못하게 한다거나, 아예 독과점 기업을 여러 개로 나누도록 명령을 내리기도 합니다. 또 기업들이 서로 합치려고 할 경우에도 독과점 우려가 있으면 허용하지 않습니다. 우리나라에서는 한 회사의 제품이 시장의 50% 이상을 점유하고 있으면 독점시장이라고 하고, 세 군데의 회사가 시장의 70% 이상을 차지하고 있으면 과점시장이라고 합니다.

독과점의 예외

아무리 나쁜 것이라 해도 독과점을 인정하는 경우가 있습니다. 전화, 전력, 철도, 우편처럼 많은 투자비가 들거나 공공의 이익이 우선시되는 사업들이 그렇습니다. 국민에게 필수적인 이들 사업을 일반 사업자에게 맡겼다고 가정해 보세요. 사업자가 돈을 벌려고 가격을 마구 인상한다면 매일매일 이들 서비스를 받아야 하는 국민은 엄청난 고통을 받게 되겠죠? 그래서 정부가 나서서 이들 사업에 직접 돈을 대거나 지원해야만 국민에게 필요한 서비스를 싼 값에 제공할 수 있는 것입니다.

그러다 보니 기업들은 이런 산업에 진출하고 싶어도 못하게 되고, 자연스럽게 독과점이 생깁니다. 이를 '자연독점'이라 하고, 사업을 하는 곳을 공기업이라고 합니다.

자연독점인 공기업이 민간인에게 넘어가는 경우를 '민영화'라고 합니다. 민영화는 공기업의 기반이 닦여 돈도 벌고 경영도 안정되었다고 판단될 때 합니다. 지금은 포스코로 이름을 바꾼 포항제철이 대표적인 예입니다.

노스페이스와
베블런 효과

벌거벗은 새들의 왕 까마귀

제우스 신은 새들이 지금보다 더욱 행복하게 지낼 수 있도록 새들의 왕을 정하기로 했습니다. 그래서 새들을 모아 놓고 왕이 될 자격을 갖춘 새를 뽑기로 했습니다. 제우스 신은 헤르메스 신을 보내서 이 세상의 모든 새들을 신전으로 불렀습니다.

"새들은 모두 나의 신전으로 모이도록 해라. 수많은 새들 중에서 가장 아름다운 새를 뽑아 너희들의 왕으로 삼겠다."

그 소식을 들은 새들은 몸을 아름답게 단장하기 시작했습니다. 울긋불긋 깃털을 가진 원앙새, 눈처럼 하얀 깃털을 가진 백조, 화려한 꼬리를 가진 공작새를 비롯한 온갖 새들이 부지런히 깃털을 다듬었습니다.

먹물을 뒤집어쓴 것처럼 온몸이 새카만 까마귀는 화려한 깃털을 가진 새들이 몹시 부러웠습니다. 까마귀는 새들의 왕이 되고 싶었지만 이렇게 검은 몸으로는 도저히 그럴 수가 없었습니다. 그러다가 까마귀는 한 가지 꾀를 내었습니다. 다른 새들이 지나다니는 자리를 돌아다니면서 형형색색의 깃털을 줍기 시작했습니다. 그리고 그 깃털로 몸을 치장했습니다.

드디어 숲 속의 모든 새들이 신전으로 모였습니다. 천천히 새들을 둘러보던 제우스 신이 까마귀를 가리키면서 말했습니다.

"네가 가장 아름답구나. 너를 새들의 왕으로 삼겠다."

제우스 신은 알록달록한 깃털로 치장한 까마귀를 왕으로 삼겠다고 발표했습니다. 하지만 그 결정에 동의할 수 없었던 다른 새들은 까마귀의 몸에 붙어 있던 자신의 깃털을 뽑아내기 시작했습니다. 그러자 까마귀는 다시 예전의 까만 모습으로 돌아가고 말았습니다.

한 때 '된장녀'라는 말이 유행한 적이 있었죠. 된장녀는 웬만한 한 끼 밥값에 해당하는 스타벅스 커피를 즐겨 마시며 명품 소비를 선호하지만 정작 자신은 경제활동을 하지 않기에 부모나 남자친구의 경제적 능력에 소비의 대부분을 의존하는 젊은 여성을 빗댄 말입니다.

인터넷 백과사전 위키백과에 따르면 된장녀라는 단어는 2005년 한 주간지에 스타벅스 커피에 빠진 20~30대 여성에 대한 특집 기사가 실리고부터 널리 쓰이기 시작했는데요. 특히 2006년 7월 한 네티즌이 올린 '된장녀의 하루'라는 글과 '된장녀와 사귈 때 해야 되는 9가지'라는 인터넷 단편 만화가 된장녀를 둘러싼 논란에 불을 붙였죠. 단순히 스타벅스 커피를 마시거나 해외 명품을 소유했다는 이유만으로 된장녀라고 공격당하는 것은 부당하다는 것이 논란의 핵심입니다. 이런 논란을 통해 분명해진 한 가지는 된장녀냐 아니냐를 구별 짓는 중요한 잣대가 본인의 경제적 능력이라는 점입니다. 본인의 경제적 능력을 고려하지 않은 무분별한 소비를 일삼는 여성이 된장녀라는 것이죠. 어쨌거나 된장녀의 소비 행태는 비합리적인 '과시 소비'인 것만은 확실합니다.

과시 소비는 상류층 사람이 과시욕이나 허영심에서 고가의 물건을 구매하는 것이 소득 수준이 낮은 층의 모방 소비를 불러일으켜 나라 전체를 과소비의 늪으로 빠져들게 하는 현상으로 미국의 경제학자 소스타인 베블런(Thorstein Veblen, 1857~1929)이 주장한 경제 이론입니다. 과시 소비 대상으로 대표적인 게 명품이죠. 그러나 경제적 여유가 없으면 명품은 그림의 떡입니다.

그래서 등장하는 것이 바로 '짝퉁'입니다. 시중에는 겉으로 보기에 명품과 다를 게 없는 짝퉁들이 홍수를 이루고 있습니다. 사람들이 짝퉁을 아무런 거리낌 없이 소비하면서 '짝퉁 현상'이라는 말도 생겼습니다. 명품을 복제한 짝퉁 물건들이 시장에 쏟아질 때 그 부작용이 심각하리라는 것은 두말할 필요가 없겠죠.

짝퉁이 만들어지는 가장 큰 이유를 생산자와 소비자 입장으로 나눠 설명해 볼게요. 우선 생산자 입장에서는 상품을 통해 얻게 될 '기대 이익'이 가짜로 판명됐을 경우 지불해야 하는 '기대 비용'에 비해 크기 때문입니다. 모방 소비, 과시 소비가 만연한 상황에서 짝퉁은 적은 비용으로 큰돈을 벌게 해 주는 요술 방망이가 될 수 있습니다. 가짜에 대해 관대한 사회적 분위기는 가짜가 들통 났을 경우에 지불하게 되는 기대 비용을 낮추는 효과를 줍니다. 소비자 입장에서는 유행에 뒤지지 않으려는 경쟁심과 '남들도 사는데 무슨 문제냐'라는 심리가 작용해서 값비싼 진짜 명품 대신 짝퉁을 구매한다고 합니다.

자기를 잃어버린 자기 과시

짝퉁은 나라 경제를 좀먹는 부정적인 측면이 많습니다. 이를 '외부비경제'라는 용어로 설명할 수 있습니다. 이 말은 다른 사람에게 손해를 입히고도 그에 대한 보상을 하지 않는 것을 뜻합니다. 짝퉁 생산자는 진품 생산자의 매출이나 이미지에 영향을 미치지만 이에 대한 보상을 하지는 않습니다.

예를 들어 짝퉁 수요가 커질수록 진품을 만드는 기업은 물건이 팔리지 않아 적자를 내고 최악의 경우 공장 문을 닫을 수도 있습니다. 짝퉁은 비용을 지불하지 않으면서 진품을 생산하는 기업에 손해를 끼치죠. 짝퉁으로 인한 외부비경제는 신기술이나 신제품을 개발하려는 의욕을 꺾고 진품을 생산하는 노동자들을 실업자로 만들어 결국은 경제 전체를 멍들게 합니다. 연구비로 1억 원을 들여 만든 반도체 칩이 100만 원짜리로 마구 복제되는 일이 묵인 또는 허용된다면 더 이상의 연구 개발과 투자는 이루어지지 않겠죠?

그렇다면 짝퉁을 추방하는 방법은 무엇일까요? 앞에서 기대 이익이 기대 비용보다 크기 때문에 짝퉁이 판을 친다고 설명했습니다. 해답은 바로 여기에 있습니다. 기대 이익을 낮추거나 기대 비용을 크게 해서 짝퉁으로 이득을 남기는 소지를 없애는 것입니다. 하지만 무엇보다 좋은 방법은 소비자들이 과시 소비보다는 실속 소비에 눈을 뜨는 것입니다. 그리고 짝퉁 제조업자에게 보다 무거운 처벌을 가하는 법령을 만든다면 짝퉁이 설 땅은 점차 줄어들지 않을까요?

베블런 효과

가격이 오르면 수요는 줄기 마련입니다. 베블런 효과(Veblen Effect)란 이와 반대되는 현상을 말합니다. 베블런 효과의 대표적인 사례는 명품입니다. 명품의 가격은 자꾸 오르는데 수요는 줄어들지 않습니다. 미국의 경제학자 베블런이 1899년 자신의 저서 《유한계급론(The Theory of the Leisure Class)》에서 처음 사용한 이 말은 "상층계급의 소비는 사회적 지위를 과시하기 위해 자각 없이 행해진다"라고 말한 것에서 유래했습니다.

그의 주장에 따르면 과시 소비는 일부 부유층을 중심으로 시작되지만 주위 사람들이 이를 흉내 내면서 사회 전체로 확산될 수 있습니다. 한마디로 모방 소비가 나타난다는 것이죠. 모방 소비는 유행에 민감한 여성들의 비슷한 옷차림에서도 볼 수 있는 것처럼 다른 사람들이 특정 상품을 많이 소비한다는 이유만으로 그 상품을 덩달아 구매하는 경우를 말합니다.

'된장녀'라든가 '노스페이스 열풍'처럼 최근의 상식을 벗어난 소비 행태를 100여 년 전의 베블런이 예견했다고 할 수 있습니다.

무임승차
문제

고양이 목에 방울 달기

어느 날 헛간에서 쥐들의 회의가 열렸습니다. 고양이한테 당하는 피해가 너무 컷기 때문이었어요.

"이젠 더 이상 안 되겠어. 고양이 때문에 마음 놓고 살 수가 있어야지."

"그래, 맞아. 어제 내 친구가 뒤뜰에서 놀다가 고양이한테 또 당했어. 이대로 가다간 우리 모두 고양이의 밥이 되고 말 거야. 빨리 무슨 대책을 세워야 해. 좋은 방법이 없을까?"

무슨 일이든지 나서기 좋아하는 쥐가 먼저 입을 열었어요.

"고양이가 나타나면 날쌔게 도망칠 수 있도록 매일 달리기 연습을 하는 건 어떨까?"

"그건 말도 안 되는 소리야. 우리가 아무리 빨리 달려 봤자 고양이는 한 걸음에 따라잡을걸?"

"그럼, 우리가 호랑이 탈을 쓰고 다니는 거야. 그러면 고양이가 놀라서 도 망치지 않을까?"

"…"

쥐들은 저마다 고양이를 물리칠 방법을 얘기했지만 그다지 좋은 의견이 나오지 않았어요. 한참 후에 꾀가 많은 쥐가 자신 있게 말했어요.

"내게 좋은 생각이 있어!"

쥐들은 호기심 어린 얼굴로 그의 말에 귀를 기울였습니다.

"고양이 목에 방울을 다는 거야. 그럼 고양이가 나타날 때마다 방울이 딸랑딸랑 울리겠지? 그 소리를 듣고 미리 도망치면 고양이한테 잡아먹히는 일은 없지 않겠어?"

"이야, 그거 정말 멋진 생각인데!"

"역시 넌 꾀돌이야!"

쥐들은 이제 고양이한테 당하는 괴로움도 끝이라는 생각에 모두 손뼉을 치며 좋아했어요. 그때 한쪽 구석에서 조용히 듣고만 있던 늙은 쥐가 천천히 입을 열었습니다.

"정말 훌륭한 생각이구나. 그런데 누가 고양이 목에 방울을 달지?"

환호성을 지르던 쥐들은 입을 다문 채 서로 눈치만 살폈어요. 목숨을 걸고 고양이 목에 방울을 달겠다는 쥐는 한 마리도 없었거든요.

'고양이 목에 방울 달기'라는 말은 그럴듯해 보이지만 막상 실천하기는 어려운 일을 가리킵니다. 또 한편으로는 꼭 필요한 일이지만 누구도 나서지 않는 경우에도 이 말을 씁니다. 사람들은 '누군가가 그 일을 해놓으면 공짜로 이용해야지'라든가 '남들이 거저 이용하게 될 테니까 내가 먼저 하지는 않을 거야'라는 이기적인 생각을 합니다.

경제학은 사람들이 이기적이지만 합리적으로 행동하려고 한다는 가정에서 출발합니다. 그래서 차비를 내지 않고 자동차를 얻어 타는 것처럼 노력이나 비용을 들이지 않고 혜택만 보려는 '무임승차'라는 현상을 발견했습니다. 자동차를 공짜로 이용하려는 사람들이 늘어나면 자동차 운수 업체들은 경영이 어려워지겠죠? 그러면 운전기사들도 다른 일거리를 찾으려 할 테고, 결국 운수 업체들이 줄어들면 자동차의 수요 또한 줄어서 자동차 생산 업체들도 어려움을 겪게 될 것입니다. 결국은 경제 전반에 나쁜 영향을 미치게 됩니다.

다른 예를 하나 더 들어 볼게요. 밤에는 무섭고 위험하기까지한 어두운 골목길을 사이에 두고 여러 사람이 살고 있습니다. 가로등이 있으면 모두가 편리할 텐데도 아무도 가로등을 설치하려고 하지 않았습니다. 그들은 가로등 설치 비용도 아깝고 다른 사람들의 편의를 위해 괜히 내가 나설 필요가 없다고 생각한 것이었습니다.

이처럼 여러 사람이 공동으로 무언가를 이용하는 경우에 무임승차 문제가 생깁니다. 이를 해결하기 위해 정부가 가로등을 설치하고 각 가구에 일정한 세금을 매긴다 해도 문제는 여전히 남습니다. 가로등과 가까운 집은 크게 만족하겠지만 멀리 떨어져 있는 집은 "똑같은 돈을 내는데 가로등의 혜택은 별로 받지 못한다"며 불만을 나타낼 테니까요.

가로등과 같이 많은 사람이 이용하는 물건이나 시설을 '공공재'라고 합니다. 공공재는 개인이 만들려고 하지 않기 때문에 보통 정부가 대신 만들고 관리합니다. 그러나 사람들은 자신의 돈이 들어가지 않은 공공재의 중요성을 깨닫지 못하고 함부로 사용합니다. 집 앞의 공원과 공중화장실 같은 공공시설들을 생각해 보세요. 이 시설들을 내 집에 있는 것만큼 소중히 여기나요? 분명히 필요한 것이기는 하지만 '내 것'이 아니라는 생각에 관리를 소홀히 하게 되죠.

공공재가 가지는 경제적인 특성은 다음과 같습니다. 첫째, 누가 이용하더라도 다른 사람들의 이용 기회가 줄어들지 않습니다. 내가 돈을 주고 산 아이스크림은 주인이 있는 '사유재'라서 내가 다 먹으면 다른 사람이 먹을 수 없지만 가로등은 그렇지 않죠? 둘째, 대가를 지불하지 않은 사람의 이용을 제한할 수 없습니다. 만약 어떤 사람이 세금을 내지 않았다고 해서 그 사람이 밤에 가로등 밑을 지나지 못하게 할 수는 없는 노릇이죠.

예를 들어 무기를 생산하고 군인을 공급하는 국방 서비스를 민간인이 제공한다고 가정해 봅시다. 전문 기업이 생겨서 국방 서비스를 시장에서 판매하게 될 것입니다. 이 기업은 최신 무기를 구입하고 군인들을 고용한 다음, 보호받고자 하는 사람들에게 일정한 돈을 받고 유사시에 국방 서비스를 제공하게 되겠죠.

그러나 다른 사람의 입장에서 보면 주위 사람들이 이 서비스를 받는 한 자신도 혜택을 받을 수 있으므로 구태여 돈을 지급하고 그 서비스를 구입할 필요를 느끼지 않을 겁니다. 대부분의 사람들이 그럴 거예요. 이 때문에 무임승차 문제가 생기는 것이죠. 아마도 이 기업은 국방 서비스 사업을 그만둘 수밖에 없을 겁니다. 결국 공공재의 공급은 강제적으로 이루어져야 한다는 결론이 나옵니다. 그래서 대한민국 국민이라면 모두가 세금을 납부하고 젊은 남자는 병역의 의무를 갖는 것입니다.

아무도 책임지지 않는 무임승차 문제

그럼 사유재는 무임승차 문제로부터 자유로울까요? 그렇지 않습니다. 사유재에서도 얼마든지 무임승차 문제가 생길 수 있습니다. 어떤 사람이 독창적인 기술을 개발했다고 칩시다. 그러나 세상에 내놓을 수 없는 고민이 있습니다. 많은 사람들이 이 기술을 복제해서 사용하면 남 좋은 일만 하는 결과가 되니까요. 그래서 정부는 유용한 기술을 발명한 사람들을 보호하기 위해서 일정 기간 동안 기술의 독점적 사용 권한을 부여하는 '특허 제도'를 운영하고 있습니다. 다른 사람들이 기술을 몰래 이용하면 정부가 벌금을 물리는 등 엄한 벌을 내리는 것입니다.

만약 이 제도가 없다면 남이 개발한 기술을 공짜로 이용하려는 무임승차 문제가 생기고, 결국 우리 생활에 필요한 기술들이 개발되지 않는 상황에 이를 수도 있습니다. 원작자의 허락도 없이 책을 베끼거나 음악을 표절하는 행위도 무임승차에 해당되므로 규제를 해야겠죠.

앞의 우화에서 쥐는 일반 사람을, 방울은 무임승차 문제가 발생하는 공공재나 사유재에 각각 비유할 수 있습니다. 무임승차 문제를 해결하기 위해 정부가 나서는 것처럼 방울 달기도 제3자가 개입해야 풀릴 수 있답니다.

시장실패

시장은 일반적으로 수요, 공급에 의해 가격과 거래량이 결정되고 이에 따라 재화나 서비스 등의 자원이 효율적으로 배분되는 곳입니다. 그러나 자원이 비효율적으로 배분되는 경우가 자주 생기는데 이를 시장실패라 부릅니다. 시장실패의 원인 가운데 하나가 앞에서 설명한 무임승차 문제입니다.

또 독점시장의 경우 독점 지위를 이용해서 기업이 마음대로 가격이나 공급량을 결정할 수 있게 되어 시장실패가 발생합니다. 시장의 기본 기능과는 상관없이 외부의 영향에 의해 가격과 거래량이 달라지므로 시장 원리가 제대로 작동하지 않기 때문입니다.

외부효과(외부경제, 외부비경제)도 시장실패의 원인이 됩니다. 환경 오염, 자연 파괴 문제를 생각해 보면 적절한 사례가 되겠죠?

역선택을
피하는 법

여우와 두루미의 식사

어느 날 여우가 두루미를 집으로 초대했습니다.

"오늘 밤 우리 집으로 오게. 오랜만에 맛있는 음식을 차렸는데 혼자 먹기가 아까워."

두루미는 기쁜 마음으로 여우의 집을 찾아갔습니다. 여우는 넓적한 접시에 음식을 담아 왔습니다. 그러나 두루미의 부리가 워낙 길고 뾰족해서 아무리 애를 써도 접시 위의 음식을 먹을 수가 없었습니다.

"두루미야, 나처럼 먹어 보란 말이야. 그렇게 사양하면 내가 미안하잖아."

여우는 접시에 주둥이를 대고 음식을 핥아 먹었습니다. 결국 두루미는 쫄쫄 굶은 채 여우의 집을 나왔습니다.

얼마 후 두루미가 여우를 집으로 불렀습니다.

"오늘밤은 우리 집에서 밥을 먹자! 모처럼 맛난 음식을 준비했는데 네 생
각이 나서 말이야."

여우가 두루미의 집에 들어서자 두루미는 바로 식탁을 차렸습니다. 식탁
위에는 길쭉한 병이 두 개 놓여 있었습니다.

"자, 식기 전에 어서 먹어."

두루미는 여우에게 병을 내밀어 권했습니다. 얼른 먹고 싶었지만 여우의
주둥이는 병 입구에만 닿을 뿐이었습니다. 여우는 음식을 한입도 먹을 수
없었습니다.

만약 두루미나 여우가 자신이 먹게 될 음식이 담긴 그릇의 종류를 미리 알았다면 상대방의 집을 방문하지 않았겠죠. 이처럼 본인은 알지만 상대방은 모르는 정보가 생기는 상황을 '정보 비대칭'이라고 합니다. 그리고 이것은 거래 상대방에 대한 정보가 부족하기 때문에 잘못된 선택을 초래하게 됩니다.

경제 용어 중에 '레몬마켓(Lemon Market)'이라는 말이 있어요. 레몬은 인도 히말라야가 원산지로 서양에 처음 알려졌을 때에는 오렌지보다 쓰고 신맛이 강해 맛없는 과일로 인식됐습니다. 여기에서 비롯되어 경제에서 쓸모없는 재화나 서비스가 거래되는 시장을 레몬마켓이라고 부르게 되었죠. 그리고 보니 우리 속담의 '빛 좋은 개살구'가 이 말과 비슷한 의미로 쓰일 수 있겠네요.

가장 대표적인 레몬마켓은 중고차 시장입니다. 중고차 시장에는 품질이 나쁜 차량이 많아서 좋은 차를 고르기 힘들다고 하죠. 물론 지금이야 전문가의 점검과 확인으로 적정한 차량 가격을 제시하거나 다양한 서비스를 제공함으로써 소비자의 신뢰를 얻으려고 노력하고 있습니다. 하지만 여전히 중고차 시장은 질적으로 문제가 있는 차가 거래되는 곳이라는 취급을 받는 것 같아요.

이는 판매자와 구매자가 가지고 있는 정보의 불균형이 가장 큰 이유입니다. 다시 말해 중고차를 판매하는 사람은 예전에 사고가 났던 차인지 아닌지, 어느 부품에 결함이 있는지 등의 정보를 가지고 있지만 구매하려는 사람은 그런 정보를 가지고 있지 않습니다. 이 때문에 품질이 떨어지는 차가 시장에 나와도 구매자는 그 사실을 알지 못한 채 원치 않는 선택을 하게 됩니다.

좀 더 자세히 설명해 볼게요. 중고차 시장에 300만 원짜리 자동차 A, B, C 3대가 상품으로 나왔다고 합시다. 자동차 A는 주인이 정비도 잘 하고 부속품도 제때 교환해 정말로 300만 원의 가치가 있는 차입니다. 자동차 B는 주인이 차를 조금 험하게 사용했고 접촉 사고도 몇 번 당해서 원래는 200만 원 정도의 가치밖에 안 됩니다. 하지만 중고차 시장에 팔기 위해 칠을 다시 하는 등 깨끗하게 치장해서 300만 원에 내놓았죠. 자동차 C는 주인이 운전을 난폭하게 해서 앞 차를 받은 적도 있고 정면충돌 사고로 중요한 부품을 몇 차례 갈아 끼워서 실제로는 100만 원의 가치도 안 되는 차입니다. 그런데 겉모습만 정비해서 300만 원에 내놓았죠.

자동차 주인들이 차들의 상태에 대해 낱낱이 잘 안다고 한다면 자동차 A의 주인은 기가 막힐 노릇이죠. "저런 형편없는 차들을 300만 원에 내놓네. 내 차는 조금만 손을 보면 더 비싼 값에 팔 수 있을 거야." 아마 그는 300만 원짜리 시장에서 나와 500만 원짜리 시장으로 가려고 할 것입니다.

그리고 자동차 B의 주인은 "나도 양심이 없지만 더 양심이 없는 사람이 있네" 하면서 조금만 더 손을 보아 비싼 값에 팔기 위해 400만 원짜리 시장으로 옮겨 갈 가능성이 높습니다. 그러면 300만 원짜리 시장에는 결국 자동차 C만 남게 되고 중고차를 사려는 사람들은 선택의 여지도 없이 100만 원의 가치도 안 되는 차를 300만 원을 주고 살 수밖에 없는 일이 벌어지게 되겠죠.

나쁜 물건을 비싸게 산다? 역선택 문제

정보 비대칭은 여러 가지 문제를 불러일으킵니다. 그중 하나가 '역(逆)선택'입니다. 제값을 주고도 제대로 된 물건을 못 사는 것을 경제 용어로 역선택이라고 하죠. 식당에서 비싼 값을 치르고 맛없는 돈가스를 주문하는 것이나, 초보 운전자가 100만 원에 불과한 중고차를 300만원이나 주고 구매하는 것은 모두 역선택이라고 볼 수 있습니다.

시장에서 판매자와 구매자가 가지고 있는 정보가 서로 다르면 구매자는 제값에 좋은 물건을 사지 못하고 나쁜 물건을 비싼 값에 사게 되는 역선택 문제가 발생하는 것입니다. 이를 뒤집어 보면 정보를 많이 가진 판매자가 정보를 적게 가진 소비자를 속여서 이익을 얻을 수도 있다는 말입니다.

정보 비대칭이 생기는 곳은 중고차 시장뿐만이 아니죠. 치열한 정보 싸움이 벌어지는 주식시장에서도 정보 비대칭의 사례를 찾아볼 수 있습니다. 주식시장은 정보가 곧 돈이므로 정보 약자는 항상 돈을 잃을 수밖에 없는 구조입니다. 정보력에서 우위에 있는 기업의 경영자가 일반 주주들에게 돌아가야 할 몫을 가로채고 자신의 이익을 불리는 쪽으로 의사 결정을 하는 경우가 예삿일로 벌어지는 게 바로 주식시장입니다.

시장에서 이처럼 정보 약자의 위치에 있다면 결코 투자의 결과가 좋을 수 없습니다. 그렇기 때문에 올바른 투자를 위해서는 내가 잘 아는 산업이나 내가 잘 아는 회사에 관심을 가져야 합니다. 그 회사가 어떤 사업을 하는지, 어떤 물건을 만들어 파는지, 원가 구조는 어떤지, 재무 상태가 건전한지, 경영자의 자질은 뛰어난지 등 기업의 세세한 부분을 속속들이 꿰고 있어야 한다는 말입니다. 만약 자신이 투자하려는 회사에 대해 잘 알지 못하면서 투자했다가는 성공보다는 실패할 가능성이 큽니다. 투자는 정보 비대칭을 없애는 일에서부터 시작한다고 해도 과언이 아니죠.

정보 비대칭이 가져오는 부작용으로 꼽을 수 있는 것은 비효율적인 자원 배분입니다. 시장의 기능은 자원이 필요한 곳에 흘러가도록 하는 것이라는 사실을 다들 알고 있을 겁니다. 그런데 이것이 왜곡되면 곳곳에서 자원이 낭비되겠죠. 또 자원 배분이 제대로 이루어지지 않는 상태가 반복되면 그 시장은 소비자의 신뢰를 잃어버려 사라질 수도 있습니다.

다시 중고차 시장으로 예를 들어 보죠. 사람들이 품질을 정확히 알 수 없어 질 낮은 자동차를 구매하게 된다면 결국 중고차 시장에서 자동차를 구매하는 것을 꺼리게 되고 중고차 시장의 거래가 멈출 수도 있습니다. 이런 상황이 발생하지 않으려면 정보 비대칭이 없어야 하는데, 이는 불가능합니다. 다만 정보의 비대칭을 최소화하도록 경제주체들 스스로 노력을 기울여야 합니다. 이를 위해 판매자나 기업은 상품 정보를 투명하게 제공하도록 노력해야 합니다.

정부의 감독 역시 중요합니다. 시장에서 정보를 부당하게 이용하는 행위가 없는지, 거래가 투명하게 이루어지는지 등을 철저하게 살펴야 하는 것이죠. 우리나라 정부 기관인 '공정거래위원회'에서는 기업이 정보를 투명하게 제공하는지, 시장에서 공정한 거래가 이루어지는지를 감시·감독하고 있답니다.

죄수의 딜레마

도둑질을 한 A, B 두 사람이 잡혔습니다. 검사는 두 사람이 서로 말을 맞추지 못하도록 따로 가두어 심문을 시작했습니다. 그러니까 두 사람은 상대방이 어떤 대답을 할지 모르는 상태가 된 거죠. 검사는 두 사람의 자백을 유도하기 위해 조건을 제시했습니다.

둘 다 자백하면 모두 징역 5년, A만 자백하면 정상을 참작해 징역 1년이고 자백하지 않은 B는 위증죄를 추가해 징역 10년, A와 B 둘 다 자백하지 않으면 징역 2년에 처한다는 것이었습니다.

먼저 B가 자백하지 않은 경우 A가 자백하면 징역 1년, 자백하지 않으면 징역 2년에 처해집니다. 따라서 A는 자백하는 것이 유리하다고 생각합니다. 두 번째는 B가 자백하는 경우에도 A가 자백하면 징역 5년, 자백하지 않으면 징역 10년을 살게 됩니다. 여기서도 A는 자백하는 편이 유리합니다. B의 경우도 똑같은 상황이 적용됩니다.

이처럼 두 도둑은 상대방이 어떤 전략을 선택하든 간에 자백하는 쪽을 선택하게 됩니다. 즉 서로 협력하는 것보다 배반하는 것이 이익이 된다고 보는 것이죠. 두 도둑은 범행을 자백하고 그 결과 5년의 징역에 처하게 됐습니다. 만약 이 둘이 협력해 끝까지 범행을 부인했다면 모두 징역 2년을 선고받게 되는데도 말이죠.

도덕적 해이

말의 먹이를 빼돌린 마부

어느 마을에 욕심 많은 마부가 살고 있었습니다. 마부는 열심히 말을 돌보면서도 어떻게 하면 주인에게서 더 많은 돈을 받아 낼까 궁리했습니다. 그러던 어느 날 마부는 한 가지 꾀를 냈습니다. 주인이 말에게 먹이라고 준 보리를 조금씩 빼돌려서 다른 곳에 팔면 돈을 벌 수 있을 것 같았습니다. 그날부터 마부는 말의 먹이를 팔아서 뒷주머니를 찼습니다.

그런데 한 가지 문제가 생겼습니다. 마부가 보리를 빼돌리자 말이 먹을 양이 부족해진 겁니다. 날이 갈수록 말은 점점 야위어 갔고 털에 윤기가 사라졌습니다. 만약 주인이 이렇게 된 말을 본다면 먹이를 제대로 먹이지 않았다는 사실이 금방 들통 날 것이 뻔했죠.

마부는 보리를 빼돌려서 팔아먹은 것을 벌충하기 위해 하루 종일 말을 손질하고 빗질해서 털에 윤기가 도는 것처럼 하려고 애썼습니다. 하지만 열심히 빗질만 한다고 해서 말이 예전의 모습을 되찾을 수는 없었습니다. 결국 지나치게 빗질당하는 것을 참다못한 말이 마부에게 한마디했습니다.

"이것 봐요, 마부님. 나를 진심으로 때깔 좋은 말로 만들고 싶으면 내 먹이나 팔아먹지 마세요!"

이 이야기에 등장하는 마부는 도덕적으로 비난받아 마땅합니다. 남의 몫을 중간에서 가로채 자기 이익으로 만드는 행위를 '도덕적 해이(모럴 해저드, Moral Hazard)'라고 합니다. 도덕적 해이는 여러 사람의 이익과 개인의 이익이 충돌할 때 발생하는 경우가 많습니다.

가장 흔한 예는 주식회사에서 찾아 볼 수 있습니다. 주식회사는 자본을 댄 주주들이 주인이고 회사 운영은 경영자에게 맡기는 자본주의의 기업 제도입니다. 따라서 경영자는 기업 경영만 하도록 주주로부터 권한을 위임받은 대리인입니다. 경영자는 마땅히 주주의 이익이 최대한 늘도록 경영해야 합니다.

그런데 경영자는 그렇게 하지 않으려는 경향이 있습니다. 회사 살림에 관한 정보를 누구보다도 먼저 알 수 있는 위치에 있는 경영자는 주주들에게 돌아갈 몫을 자기 것으로 만들거나 주주들로부터 위임받은 사항을 충실히 이행하지 않을 수도 있습니다. 이런 경영자의 이기적 행동은 도덕적 해이를 일으키기도 합니다.

원래 도덕적 해이는 경제학에서 보험 제도를 설명할 때 나오는 용어입니다. 보험은 개인이나 회사가 뜻하지 않은 사고에 대비해 미리 일정한 돈을 보험회사에 내고 사고가 났을 때 보험회사로부터 손해에 대한 보상을 받는 제도입니다. 가령 화재보험에 가입한 사람을 생각해 봅시다. 보험회사는 보험에 가입한 사람마다 화재를 예방하려고 나름대로 최선을 다하리라 기대하겠지만 일단 보험에 가입하면 화재 예방 노력을 게을리하기 쉽습니다. 화재가 나도 보험사에서 보상을 해 주기 때문이죠.

보험회사와 가입자 사이에 이런 상황이 존재할 때 가입자 측에 도덕적 해이 문제가 있다고 말합니다. 만일 보험회사가 가입자의 화재 예방 노력을 하나하나 파악할 수 있다면 보험료를 다르게 책정한다거나 가입 자체를 취소할 수 있지만 현실적으로는 불가능합니다. 보험회사가 가입자들을 개별적으로 완전히 파악할 수는 없으니까요. 주식회사나 보험회사의 경우처럼 어느 한쪽이 상대방을 충분히 파악할 수 없는 상황 아래에서는 언제나 도덕적 해이가 발생할 소지가 있습니다.

도덕적 해이는 장기적인 손실을 초래한다

도덕적 해이는 경제학자들이나 쓰는 어려운 말이었는데 IMF 경제 위기 이후 방송 등 언론에 자주 등장하면서 우리에게도 익숙해졌습니다. 이 말은 자주 쓰이면서 뜻도 약간씩 변해서 요즘은 법과 제도적 허점을 이용해 자신의 이익을 추구하거나 지위에 맞는 책임을 지지 않는 경우, 단체 행동으로 사회적으로 손실을 끼치는 경우를 포함하는 등 사용 범위가 무척 넓어졌습니다.

도덕적 해이의 피해가 크기 때문에 이를 사전에 막기 위한 여러 제도적 장치도 마련되었습니다. 예컨대 주식회사에서는 주주들이 경영자에 대한 감시를 보다 철저히 하고 회계장부를 투명하게 작성하도록 하는 장치를 도입했습니다. 1년에 한 번씩 주주들과 경영진이 모여 한 해 장사를 결산하는 주주총회를 하는 것도 경영자의 도덕적 해이를 방지하는 방편입니다. 보험회사의 경우는 보험 계약자들의 성향을 미리 낱낱이 파악해 놓는 것입니다. 이것이 잘되면 고의적 보험 사기 같은 범죄도 예방할 수 있습니다.

자기 일에 최선을 다하는 사람에게 대가를 주고, 지위를 이용해 개인의 이익을 챙기려는 사람에게는 반드시 책임을 묻는 것도 중요합니다. 만약 말의 주인이 마부에게 일한 만큼의 대가를 지불하는 보상 체계를 가지고 있었다면 마부의 도덕적 해이를 막을 수도 있었을 겁니다.

보험

보험은 만일의 순간에 우리가 겪을 수 있는 위험에 대비하는 것입니다. 보험회사는 보험에 가입하는 사람들로부터 일정한 금액을 받습니다. 이를 보험료라고 하죠. 보험회사는 보험에 가입한 계약자에게 사고가 생기면 처음에 약속한 만큼의 돈을 줍니다. 예를 들어 어

떤 사람이 매달 2만 원씩 내는 보험에 가입했는데 화재나 자동차 사
고로 죽게 되면 2억 원의 돈을 받기로 했다고 합시다. 보험회사는 이
사람이 화재나 자동차 사고로 죽게 되면 2억 원을 줘야 합니다. 하지
만 아무런 사고가 나지 않는다면 이 사람이 매달 낸 보험료는 보험
회사의 몫이 되죠.

정부 규제의
득과 실

밀밭을 태워 버린 여우

성실하게 농사를 짓는 청년이 있었습니다. 부지런한 청년은 농사를 지으면서 닭, 오리, 토끼 같은 여러 종류의 가축들도 길렀습니다. 하지만 힘들게 키운 닭과 오리들을 근처 숲에 사는 여우가 자꾸만 잡아가자 청년은 깊은 원한을 품게 됐습니다. 화가 난 청년은 소리쳤습니다.

"이놈의 여우, 잡히기만 해봐라. 내가 당한 만큼 반드시 복수를 해 주고 말 테다!"

청년은 여우가 다닐 만한 장소에 덫을 놓고 잡히기만을 기다렸습니다.

그러던 어느 날 몰래 가축을 잡아먹으려던 여우가 그만 덫에 걸리고 말았습니다. 여우는 안간힘을 썼지만 덫에서 벗어날 수가 없었습니다. 이것을 본 청년은 의기양양하게 말했습니다.

"오냐, 이놈의 여우야! 드디어 내 손에 잡혔구나! 내가 그동안 너한테 당한 일을 몇 배로 갚아 주겠다."

청년은 미리 기름에 적셔 두었던 밧줄을 여우 꼬리에 묶었습니다. 그리고 밧줄에 불을 붙인 후에 여우를 덫에서 풀어 주었습니다. 꼬리에 불이 붙자 여우는 무척 고통스러워하며 이리저리 뛰기 시작했습니다. 그러다가 갑자기 청년의 밀밭으로 뛰어들었습니다.

추수를 할 무렵이어서 밭에는 밀알이 노랗게 익어 있었습니다. 그런데 여우 꼬리에서 불이 옮겨 붙자 밭은 순식간에 잿더미로 변하고 말았습니다. 그 광경을 지켜보던 청년은 어쩔 줄 몰라 발만 동동 굴렀습니다.

불을 안 가리는 분노는 오히려 본인에게 치명적인 피해를 입힐 수도 있다는 우화입니다. 힘센 사람이 자기 감정을 다스리지 못하고 분노를 풀려고 무리를 하다가 되레 화를 입는 경우를 주위에서 볼 수 있죠. '빈대 잡으려다 초가삼간 태운다'는 속담처럼 말이에요. 시장이 잘 안 돌아간다고 툭하면 개입을 일삼는 정부에게 이 우화를 들려주고 싶을 때가 많습니다.

정부가 "이거 하지 마라, 저거 해라" 하는 식의 규제를 하거나 참견을 해서 시장을 망친 경우는 허다합니다. 극단적인 예입니다만, 한 기업이 밀수를 하다가 적발됐다고 해서 정부가 모든 기업의 수입을 금지시켜 버리면 나라 경제는 한순간에 무너지고 말 것입니다.

먼저 정부가 시장에 개입하게 된 역사부터 공부해 보죠. 앞에서 설명했듯이 시장은 가만히 두더라도 '보이지 않는 손'에 의해 저절로 굴러간다는 게 근대 경제학의 기초를 닦은 애덤 스미스의 이론이었습니다. 그러나 1929년 미국에서 시작해 전 세계적으로

번진 '경제 대공황'으로 인해 꼭 그렇지만 않은 것으로 판명되었습니다.

경제 대공황의 원인을 간단히 설명하자면 정부가 기업 위주의 경제 정책을 편 데 있습니다. 이에 따라 기업들만 부자가 됐고 가계는 가난해졌습니다. 그러다 보니 소비는 안 되고 공장에는 안 팔린 물건들만 잔뜩 쌓이게 됐습니다.

이 때문에 기업이 망하고 거리에 실업자가 넘쳐나게 된 것입니다. 이때부터 정부는 '시장에 깊숙이 개입해야 경제에 탈이 안 나겠구나' 하고 생각했습니다. 기업 활동을 규제하는 한편 공공자금을 투입하여 정부가 주도하는 공공사업으로 실업자를 구제하고 경기를 활성화시켜 시장이 침체되지 않도록 한 것이죠. 그 덕에 경제 대공황은 극복될 수 있었습니다.

신중함을 요하는 정부의 개입

하지만 시장에서 정부의 활동 범위가 점점 넓어지면서 부작용도 속출하기 시작했습니다. 정부 조직이 과도하게 커지고 효율성도 떨어졌습니다. 무엇보다 공무원의 부패와 비리가 심해졌습니다. 정부의 잦은 시장개입으로 기업 활동이 위축되다 보니 순리대로 돌아가야 할 경제의 흐름이 뒤틀리는 사례가 많아졌습니다.

1970년대에 전 세계를 덮친 오일쇼크(Oil Shock)는 시장에서 정부가 할 수 있는 역할의 한계를 일깨워 주었습니다. 오일쇼크로 불황이 계속되는데도 물가가 오르는 스태그플레이션이 닥치자 정부의 정책은 도무지 먹혀들지 않았습니다. 경기를 일으키려고 정부 지출을 늘리면 물가가 뛰고, 물가를 잡으려고 긴축을 하면 실업자가 늘어나는 '풍선효과'가 나타났습니다. 그러자 시장에 정부의 개입을 최소화하자는 '신자유주의'가 생겼습니다.

정부가 각종 규제를 풀면 시장 경쟁이 촉진됩니다. 이는 기업 경쟁력을 강화해 경제를 활성화한다는 신자유주의의 입장입니다. 특히 불경기일 때는 정부가 되도록이면 시장에 손을 대지 말아야 경기를 살릴 수 있다고 주장합니다. 그래야 정부는 예산 낭비를 줄일 수 있고, 기업들은 장사를 하고 싶은 마음을 가질 수 있다는 거죠.

요즘 각 나라들은 정부 규제를 줄이는 추세입니다. 우리나라도 예외는 아닙니다. 국가 간 경쟁이 치열한 경제 전쟁의 시대에 기업들이 큰 제약 없이 활동할 수 있는 무대를 만들어 줘야 경쟁에서 이길 수 있기 때문입니다.

물론 정부의 개입이 꼭 필요한 분야도 있습니다. 시장이 제대로 기능을 발휘하지 못하거나 환경, 위생, 소비자 보호 등 사람들의 안전과 공익이 관련된 경우에는 정부가 기업을 규제하고 시장에 개입해야 합니다.

작은 정부

흔히들 '작은 정부'가 되어야 한다는 말들을 합니다. 그럼 '큰 정부'와 작은 정부의 차이는 무엇일까요? 큰 정부는 공무원의 수가 지나치게 많거나 정부 조직이 비대해져서 더 많은 기능을 가지는 것을 말합니다.

작은 정부를 지향해야 한다는 것은 규제가 적은 정부를 의미하는 것으로 보아야 합니다. 공무원 수가 적은 것이 작은 정부라고 생각할 수도 있는데 이는 잘못된 것입니다. 공무원의 수가 적더라도 정부에서 사회 각 분야에 대한 규제를 과도하게 하고 있다면 이것은 큰 정부로 보아야 합니다.

작은 정부는 정부의 불필요한 규제를 축소해서 민간 부문이 자유롭고 창의적으로 활동할 수 있도록 해야 한다는 의미인데, 무조건 인원이나 조직을 감축해서 작은 정부를 만들려고 하는 것은 옳지 않습니다. 우리나라는 그동안 작은 정부를 만든답시고 공무원의 숫자만 줄이는 '눈 가리고 아웅' 식의 조직을 운영해 온 것이 사실입니다. 공무원 수를 늘려서 국민들이 제대로 된 서비스를 받도록 해야 옳은데 말이죠.

손님이 붐비는 식당에 가면 제대로 된 대접을 못 받습니다. 마찬가지로 공무원 1인당 담당하는 국민 수를 낮춰야 국민들이 친절한 서비스를 받을 수 있습니다. 그러려면 너무 무리하게 인원 감축을 해서는 안 됩니다. 큰 정부, 작은 정부를 이야기할 때는 정부가 가지고 있는 기능, 그중에서도 규제 기능에 중점을 두어야 합니다.

4장

살아 있는 경제 이야기

선택과
집중

여우와 포도

잔뜩 굶주린 여우 한 마리가 있었습니다. 여우는 기진맥진한 상태로 먹을 것을 찾아 숲 속을 어슬렁거렸습니다. 그러다가 아주 향기로운 냄새를 맡게 되었습니다. 여우는 서둘러 냄새가 나는 곳으로 달려갔습니다. 먹음직스런 포도가 덩굴에 주렁주렁 매달려 있었습니다. 보기만 해도 저절로 침이 고일 정도였습니다.

"정말 맛있게 생긴 포도구나!"

포도는 무척 달콤할 것만 같았습니다. 여우는 포도송이를 따기 위해 팔을 뻗었지만 닿지 않았습니다. 뒤로 물러났다가 달려가 힘껏 뛰어올라 봐도 포도송이에는 손이 닿지 않았습니다. 포도를 따려고 갖은 방법으로 애를 쓰던 여우는 결국 눈앞의 포도를 포기할 수밖에 없었습니다. 여우는 포도밭을 떠나면서 중얼거렸습니다.

"흥, 덜 익은 포도잖아? 아직 시큼해서 못 먹을 거야. 난 아주 잘 익은 포도만 좋아하거든."

여우가 포도를 못 먹은 것은 분명 자신의 능력이 모자라는 탓입니다. 그런데도 여우는 포도가 시큼할 것이란 이유로 포도를 단념합니다. 이를 '자기 합리화'라고 합니다. 능력이 부족하면 노력이라도 해야 하는데 남 탓으로 돌리며 자신의 무능을 감추려는 사람들이 있죠? 〈여우와 포도〉는 남 탓을 해서는 안 된다거나, 어떤 일을 하다가 중단해서는 안 된다는 교훈적인 내용을 담고 있다는 게 일반적 해석입니다.

그러나 다른 해석도 있습니다. 여우는 자신이 잘할 수 없는 일을 빨리 포기하고 그보다 잘할 수 있는 일을 찾아 나섰으니 현명한 결정을 했다는 것입니다. 여우처럼 행동하는 것을 '선택과 집중'이라고 합니다. 잘할 수 있는 것들을 골라서 역량을 집중한다는 뜻입니다.

예를 들면 TV 1대를 생산하는 데 한국은 10만 원이 들고 중국은 20만 원이 든다면, 중국은 TV 생산으로는 한국을 절대 이길 수 없습니다. 이를 한국이 중국에 대해 비교우위에 있다고 말하는데, 한국은 TV를 생산하고 중국은 한국으로부터 TV를 수입하는 대신 한국에 수출할 다른 상품을 찾아야 합니다. 바로 이것이 국가 간 무역이 발생하는 원리입니다. 앞에서 나온 〈석류나무와 사과나무, 올리브 나무의 다툼〉 이야기에서 배운 기억이 나죠?

우리는 경제의 국경이 따로 없는 무한 경쟁 시대에 살고 있습니다. 이런 시대에는 강대국만이 살아남을까요? 절대 그렇지 않습니다. 경쟁력이 있는 산업에 집중해서 강대국과 어깨를 나란히 하는 나라들이 얼마든지 있습니다. 소위 작지만 강한 나라, '강소국'

이라 불리는 스위스, 네덜란드, 핀란드 등은 좁은 국토와 적은 자원으로 경제성장에 제약을 받아 왔습니다. 그래서 일찍이 나라의 특성에 맞는 산업구조를 꾸려 나가기 시작했습니다. 쉽게 말해 상업과 금융업을 발전시켜 돈을 벌고 모자란 농산물과 물품은 외국에서 사들여 오는 식이었죠.

네덜란드의 상인 정신이나 스위스의 금융업 등은 수백 년을 거쳐 국가 자산으로 형성됐습니다. 이러한 전통 위에서 유럽 강소국들은 상대적으로 서비스업이 발전된 나라들로 자리 잡게 된 것입니다. 우리가 잘 알고 있는 핀란드의 노키아(Nokia), 스웨덴의 에릭슨(Ericsson), 스위스의 ABB(Asea Brown Boveri)와 노바티스(Novartis), 네덜란드의 필립스(Philips) 등은 선택과 집중 원칙을 적용해 만들어진 글로벌 기업들입니다.

선택과 집중으로 전문성 획득

선택과 집중의 원칙은 국가 경제에만 해당되는 것이 아닙니다. 개인도 특정 부문에 경쟁력을 키우지 않으면 살아남기 힘든 세상입니다. 21세기는 정보 지식화 시대라고 합니다. 이 시대에는 자신이 좋아하는 일을 선택해 최고 전문가가 되어야 합니다. 하기 싫은 일을 억지로 하는 것보다는 자신의 재능과 장점을 개발해 나가는 자세가 필요합니다.

발명왕 에디슨은 집중하기 위해서 작업 중에는 절대로 시계를 보지 않았다고 합니다. 선택과 집중은 21세기 정보 지식화 시대에 자신만의 고유한 절대가치를 시장에 내놓을 수 있는 능력을 만들어 줄 것입니다.

경제 양극화

우리가 살고 있는 자본주의사회는 자신의 능력만큼 벌어서 재산을 모으면 됩니다. 하지만 모든 계층이 다 부자일 수는 없습니다. 교육도, 소득도 부족해서 가난한 사회 계층이 있습니다. 가진 자는 더 많이 가지게 되고, 못 가진 자는 점점 더 가난해집니다. 이렇듯 한 사회에서 계층의 양 극단 간의 경제적 차이가 심화되는 것을 '경제 양극화' 현상이라고 합니다.

우리나라의 경우 과거 경제성장기 때 실행했던 대기업 위주의 지원 정책이 양극화를 초래한 가장 큰 원인으로 꼽히고 있습니다. 우리나라같이 자원이 부족한 나라는 수출을 많이 해야만 성장 속도를 높일 수 있어 수출 효과가 큰 대기업을 집중적으로 지원한 것이 오늘의 양극화 문제를 심화시켰던 것이죠. 그러니까 '선택과 집중'이 오히려 부작용을 일으킨 겁니다. 그래서 뒤늦게 중소기업과의 동반 성장이나 복지 강화에 머리를 쥐어짜고 있지만 아직은 큰 효과가 없는 것 같군요.

미국과 같은 선진국에서는 자신의 재산을 사회에 환원하는 부자들이 많다고 합니다. 우리 정부도 부자로부터 세금을 많이 거두어 이것을 바탕으로 사회적 약자에 대해 여러 가지 복지 정책을 펴고 있습니다. 부자의 기부나 정부의 복지 정책은 경제성장의 열매를 골고루 나눌 수 있는 소득의 재분배 효과가 있습니다.

돈보다 값진 신뢰

양치기 소년의 거짓말

마을에서 조금 떨어진 언덕에서 양을 치는 소년이 있었습니다. 매일 혼자 양을 돌보는 일이 심심했던 양치기는 장난치는 것을 매우 좋아했습니다.

'뭐 재미있는 일이 없을까? 옳지, 이렇게 하면 재밌겠는걸.'

양치기는 마을 사람들이 깜짝 놀라도록 다급한 목소리로 힘껏 소리쳤습니다.

"늑대가 나타났다! 늑대가 나타났다!"

양치기의 목소리를 들은 마을 사람들은 양을 구하기 위해 저마다 몽둥이를 들고 서둘러 언덕으로 뛰어 올라왔습니다.

"늑대는 어디 있니?"

마을 사람들이 다급한 목소리로 물었습니다.

장난꾸러기 양치기는 그 모습을 보고 배를 움켜쥐고 웃었습니다.

"늑대는 나타나지 않았어요. 그냥 연습을 해보았을 뿐이에요."

마을 사람들은 어이없다는 표정을 지으면서 마을로 돌아갔습니다. 며칠

후 양치기는 다시 소리를 질렀습니다.

"늑대가 나타났다! 늑대가 나타났다! 어서 와서 살려 주세요!"

마을 사람들은 하던 일을 멈추고 양치기를 돕기 위해 또 다시 언덕으로 올라왔습니다. 하지만 아무리 주위를 둘러보아도 늑대의 모습은 보이지 않았습니다.

"이번에도 연습이었어요. 하하하! 야, 정말 재밌구나!"

양치기가 웃음을 터뜨리면서 말했습니다. 또 다시 양치기에게 속은 것을 알고 마을 사람들은 화를 내면서 돌아갔습니다.

그러던 어느 날 진짜 늑대들이 나타났습니다. 사나운 늑대들은 양 떼를 마구 해치기 시작했습니다. 양치기는 마을 사람들은 향해 큰 소리로 외쳤습니다.

"늑대가 나타났다!"

그러나 마을 사람들은 아무도 나타나지 않았습니다.

"이번엔 정말이에요! 정말로 늑대가 나타났다고요!"

양치기는 목이 터져라 소리를 질렀습니다. 그래도 양치기가 장난을 친다고 생각한 마을 사람들은 언덕으로 달려오지 않았습니다. 결국 장난으로 거짓말을 하던 양치기는 양들을 몽땅 잃고 말았습니다.

한 번 무너진 신뢰는 회복하기가 어렵다는 것을 보여 주는 우화입니다. 마을 사람들은 처음에 양치기 소년의 말에 속아 넘어갔지만 거짓말이 반복되자 진실을 말해도 곧이곧대로 듣지 않았습니다. 신뢰의 상실은 파멸을 뜻합니다. 반대로 신뢰를 쌓으면 번영은 저절로 다가옵니다.

각 나라마다 국가신용도라는 것이 있습니다. 얼마만큼 그 나라를 신뢰할 수 있느냐를 나타내는 지표입니다. 국가신용도가 높은 나라는 외국에서 돈도 잘 빌리고 투자도 많이 받지만 그렇지 않은 경우는 외면을 받게 됩니다.

우리가 후진국일 때에는 신뢰를 중요하게 여기지 않았습니다. 그러다 중진국 대열에 들어서고 경제가 외국에 개방되자 상황이 바뀌었습니다. 신뢰의 중요성을 뼈저리게 느끼게 된 것이 바로 1997년 IMF 경제 위기 때였습니다.

한국 정부와 기업을 믿지 못하게 된 외국인들이 한꺼번에 빠져나가는 바람에 금리와 환율이 치솟고 주가가 폭락하는 등 나라 경제가 요동을 쳤습니다. 사람들은 IMF 경제 위기를 거치면서 다른 나라들과 더불어 살아가는 개방경제에서는 신뢰가 정말 중요한 경제적 자원이라는 사실을 깨달았습니다. 신뢰가 윤리적이고 정서적인 개념일 뿐만 아니라 실제로 개인과 기업, 나아가 국가의 경쟁력을 높이는 주요 원천이라는 것을 인식하게 된 것이죠.

신뢰는 하나의 자본으로 볼 수 있습니다. 왜 신뢰가 돈을 벌게 하는 밑천인 자본 역할을 하는 것일까요? 이유는 간단합니다. 우선 장사하는 사람들은 신용을 잘 지키는 사람과 거래를 하려고 합니다. 신용을 안 지켜 신뢰가 안 가는 사람은 기피 대상이 되므로 돈을 벌 수 없습니다. 기업도 마찬가지입니다. 회계장부를 정직하게 작성하는 기업에게만 투자자들이 몰리게끔 돼 있습니다. 엉터리 회계장부로 신뢰를 잃는다면 투자자들은 그 기업에서 손을 떼겠죠. 외국인 투자자들도 기업을 투명하게 경영하는 나라에만 투자를 하는 경향이 강합니다.

신뢰는 곧 돈이다

많이 나아지긴 했지만 아직 우리나라는 신뢰라는 자본이 충분히 축적되지 않았습니다. 기본과 원칙에 충실하기보다는 임기응변에 능한 태도가 점수를 더 따는 게 현실입니다. 연고와 연줄에 의한 거래, 규정과 법을 어긴 지시가 더 힘을 가지는 사회 분위기가 여전히 남아 있습니다. 불투명한 기업 경영도 투자자의 신뢰를 형성하는 데 장애가 됩니다.

아무리 경제 기초가 튼튼하다고 말해도 신뢰를 잃으면 위기가 닥칩니다. 특히 주식시장과 외환시장 등의 금융시장에서는 거래 주체들의 신뢰가 무너지면 자금의 이탈과 가격의 하락으로 이어져 경제 불안감을 확산시킵니다.

신뢰라는 자본은 시장에서 사고팔 수 있는 물건이 아닙니다. 우리 스스로 쌓아야 할 무형의 자산이죠. 개인은 신용을 지키고, 기업은 회계 자료를 투명하게 정리해야 합니다. 정부 또한 원칙과 일관성 있는 정책을 실행할 때 비로소 경제의 신뢰는 쌓이게 됩니다. 양치기 소년의 이야기에서 보듯 믿음을 잃었을 때 그 폐해는 상상을 초월합니다. 밀려오는 개방화와 국제화의 물결을 헤쳐 나아가려면 신용이라는 자본을 열심히 쌓는 일부터 시작해야 합니다.

국가신용도

국가신용도는 높은 순서대로 AAA, AA, A, BBB, BB, B, CCC, CC, C 등으로 매겨집니다. 신용도란 한마디로 돈을 갚을 수 있는 능력을 평가하는 것입니다.

이 등급을 나누는 일은 미국의 무디스(Moody's)와 스탠더드 앤 푸어스(Standard & Poors), 영국의 피치(Fitch Ratings) 등의 국제 신용 평가 회사들이 합니다. 이들을 세계 3대 신용 평가 기관이라고도 부릅니다.

신용 평가 회사는 국가의 신용 등급을 측정해 금융기관에 알리거나 직접 발표하기도 합니다. 은행은 이를 토대로 그 나라의 기업에 돈을 빌려 주기도 하고 투자 여부를 결정합니다. 경제와 정치, 문화,

사회 등 다방면에 걸쳐 심층적으로 분석합니다. 주요 평가 기준으로는 정치 체제의 안정성, 소득 수준, 경제성장률, 인플레이션, 국가의 채무 규모 등이 있습니다.

국제금융시장에서는 신용 평가 회사가 제시한 등급을 기준으로 한 국가에 대한 투자 여부를 판단하는 투자자들이 많습니다. 따라서 신용 평가 등급을 좋게 받지 못하면 그만큼 더 많은 이자를 내야 돈을 빌려 올 수 있습니다. 과거 IMF 경제 위기는 우리나라의 신용 등급이 투자 적격에서 급속하게 부적격으로 떨어져 외국인 투자 자금이 일시에 빠져나가면서 발생했습니다.

미국의 무디스는 현재 우리나라의 국가신용도를 A1으로 평가하고 있습니다. A1은 선진국 직전 수준의 등급입니다.

슈퍼스타 현상

불상을 등에 지고 우쭐한 나귀

나귀 한 마리가 금불상을 등에 싣고 가는 길이었습니다. 많은 사람들이 모두 공손히 절을 하거나, 두 손을 모아 빌었습니다. 나귀는 가는 곳마다 사람들이 길을 비켜 주고 절을 하는 것이 자기한테 그러는 줄만 알았습니다. 기분이 좋아진 나귀는 아주 우쭐해져서 잔뜩 폼을 잡으며 걸었습니다.

'나도 이만하면 꽤 훌륭한가 보다.'

이런 생각이 들자 나귀는 제 발로 걷는 게 싫어졌습니다.

'이렇게 훌륭한 나귀를 수레라도 태워야 되는 거 아냐?'

"야, 빨리 걷지 못해?"

마부가 아무리 달래고 꾸짖어도 나귀는 한 발짝도 내딛지 않았습니다.

마부는 어쩔 수 없이 나귀의 등에서 금불상을 내렸습니다. 그러자 사람들이 나귀 곁에서 모두 물러났습니다. 절을 하지도, 손을 모아 빌지도 않았습니다.

"그거 참 이상하다?"

나귀는 얼이 빠져 멍하니 서 있었습니다.

등에 싣고 가던 금불상이 사라지자 나귀는 하루아침에 초라한 신세로 변했군요.

학자들은 대중적 인기를 누리면서 몸값이 치솟는 것을 '슈퍼스타 현상'이라고 부릅니다. 대중은 재능이나 외모가 출중한 연예인에게 관심을 집중하는 경향이 강합니다. 영화나 드라마의 주연과 조연의 출연료는 하늘과 땅만큼 차이가 큽니다. 또 인터넷이나 SNS 등 정보 산업의 발달은 연예인들의 몸값을 치솟게 하는 배경이 됩니다. 스타들이 활동하는 시장은 이긴 사람이 판을 독차지하는 '승자 독식' 현상이 심합니다. 기업 입장에서는 유명 연예인과 연계된 상품을 개발하면 대중의 수요를 그대로 끌어들일 수 있기 때문에 군침을 흘리게 됩니다. 인기가 많은 스타일수록 기업들이 돈을 쏟아 붓게 되고, 연예인의 몸값은 가파르게 상승합니다.

이런 연예인들의 특징은 '대체'가 불가능하다는 점입니다. 성능이 뛰어난 핸드폰은 제조 기술만 있으면 얼마든지 똑같은 제품을 찍어 낼 수 있지만 사람은 그럴 수가 없죠. 노래를 잘 부르고 춤도 잘 추는 가수를 대중이 원한다고 한없이 만들어 낼 수 있나요?

이처럼 공급이 제한되거나 부족한 현상을 두고 앞에서 '희소성이 있다'는 말을 통해 배웠습니다. 희소성은 수량이 적기 때문에 생기는 가치로 가격이 한없이 뛸 가능성이 큽니다. 희소성이 높은 재화나 서비스는 대체가 쉽지 않고 가격의 변동에 따라 공급 조절이 어려워서 '비탄력적'으로 움직인다는 사실도 잘 알고 있습니다.

공산품처럼 급히 만들어 낼 수 있는 경우를 '공급이 탄력적'이라고 합니다. 제품의 가격이 올라가면 공급자는 물건을 더 생산하여 공급량을 늘릴 것이고, 그러면 올라가던 가격이 늘어난 공급량에 의해 조정되어 안정을 되찾겠죠?

그러나 '공급이 비탄력적'이라면 공급량을 늘릴 수 없어 상승하는 가격을 붙잡지 못합니다. 그러니까 연예인 스스로 자신의 희소성을 이용해서 방송 출연을 일부러 피하는 방법으로 높은 몸값을 유지할 수 있다는 겁니다. 또 일단 한번 형성된 자신의 희소성을 지키기 위해 계속적으로 새로운 이미지를 창출하는 노력도 기울일 것이고요. 그래서 슈퍼스타들은 오랫동안 인기를 지속시킬 수 있는 것이죠.

슈퍼스타들의 몸값이 비싼 이유

슈퍼스타 현상은 '차액지대 이론'으로도 설명할 수 있습니다. 19세기 영국의 고전학파 경제 이론을 완성한 데이비드 리카도 (David Ricardo, 1772~1823)가 주창한 차액지대 이론의 개념을 간단히 소개할게요. 지대란 땅의 주인에게 지불되는 일종의 임대료를 뜻하고, 차액지대란 토지의 생산력 차이 때문에 발생하는 지대를 말합니다. 차액지대는 땅이 고정되어 있고 땅마다 비옥도가 다르기 때문에 발생합니다. 농산물 가격은 최악의 조건에서 생산된 농산물의 생산비, 즉 농산물을 재배하는 땅 중에서 상태가 가장 나쁜 토지(한계토지)의 생산비를 보상한다는 전제 아래 차액지대가 시작됩니다. 한계토지보다 좋은 조건에서는 농산물이 적은 비용으로 생산되고 이 생산비와 가격의 차액은 좋은 토지로 인해 발생한다는 것이 차액지대 이론입니다.

그러니까 좋은 토지의 주인은 아무런 노력을 기울이지 않고 차액을 얻는 셈입니다. 한마디로 불로소득인 것이죠. 리카도는 인구의 증가가 필연적으로 지대 발생을 가져온다고 했습니다. 이렇게 해서 비옥한 땅의 임대료는 갈수록 올라가고 가장 척박한 땅과의 가치와 더 벌어집니다. 비옥한 땅의 주인은 아무런 노력 없이 가만히 앉아서 올라가는 지대 수입을 즐길 수 있는 것이죠.

현대 경제학은 리카도의 차액지대 이론을 발전시켜 '공급이 고정된 생산의 4대 요소(토지, 자본, 기술, 노동)에 대한 보수'로 지대의 개념을 확대했습니다. 그런데 공급이 고정된 생산요소에 대한 보수는 지대 외에 해당 요소를 현재의 고용 상태에 붙잡아 두기 위해 최소한으로 지불해야 하는 금액도 포함해야 합니다. 그러니까 공급이 적을수록, 희소성이 강할수록, 그 생산요소가 다른 데로 가지 못하도록 붙들어 놓기 위한 비용도 높아질 수밖에 없죠.

만약 그 비용이 만족스럽지 못하다면 그 생산요소를 계속 쓸 수 없을 거예요. 공급이 고정적이라고 할 수 있는 변호사나 의사, 운동선수, 연예인 등 우리 사회의 몇몇 직종에서 일하고 있는 사람들이 무척 높은 소득을 얻는 이유를 알았죠?

유명 연예인을 광고 모델로 쓰거나 방송에 섭외하기 위해서는 기본적인 경비 외에 경쟁 업체보다 많은 웃돈을 얹어 주어야 가능합니다. 유명인을 섭외하려는 경쟁 업체가 많을수록, 또 출연할 방송이나 광고가 시청자들이 많이 몰리는 시간대일수록 섭외 비용은 상승작용을 일으켜 연예인의 몸값은 오르게 됩니다.

승자 독식

몇 년 전 한 개그맨이 "1등만 기억하는 더러운 세상"이라고 외친 말이 유행한 적이 있었습니다. 1등이 모든 걸 다 갖는 현상을 '승자 독식(Winner Takes All)'이라고 부릅니다. 승자 독식은 자본주의 국가에서 자유경쟁이 이루어지는 대부분의 분야에서 생겨나고 있습니다.

이는 사회적으로 갈등과 반목을 일으킵니다. 그래서 미국의 학자 로버트 프랭크(Robert Frank)와 필립 쿡(Philip Cook)은 《승자 독식 사회(The Winner-Take-All Society)》라는 책에서 승자독식 문제를 고치지 않으면 자본주의가 멸망할지도 모른다고 경고했습니다.

승자 독식의 반동으로 나타난 것이 바로 '평준화'입니다. 평준화는 정부가 시장에 개입해 경쟁을 통제함으로써 결과적인 평등주의를 추구하는 사회주의 색채가 강한 개념입니다. 그러나 평준화에 따라 경쟁 요소가 제한되어 있어 어느 순간 시장이 제대로 작동하지 않게 되고 자연히 경제가 활력을 잃을 위험이 있습니다. 승자 독식이나 평준화는 바람직한 현상이 아니므로 패자도 함께 살아갈 수 있는 제도적 장치를 마련하는 게 중요합니다.

경제적
유인

까마귀를 노래시킨 여우

까마귀 한 마리가 고깃점을 입에 문 채 아주 흐뭇하게 나뭇가지에 내려앉 았습니다. 우연히 그 아래를 지나가던 여우가 까마귀를 보았습니다.

'저 녀석이 어디서 저렇게 먹음직스러운 고기를 얻었을까? 옳지, 저놈을 속여 뺏어 먹어야지!'

여우는 까마귀에게 큰 소리로 외쳤습니다.

"맵시 좋고 잘생긴 까마귀는 정말 매력적이야. 만약 목소리까지 곱다면 새 중의 새라는 말도 지나치지 않을 텐데!"

이 말을 들은 까마귀는 목청을 가다듬고 크게 소리를 지르기 시작했습니다.

"까악~ 까악~"

그 순간 까마귀 입에 있던 고기가 땅으로 떨어졌습니다.

"마음씨 좋은 까마귀야! 정말 고마워. 넌
목소리는 곱지만 생각이 좀 모자라는
구나. 하하!"

잽싸게 고기를 낚아챈 여우는
종종 걸음으로 사라졌습니다.

까마귀 노래하자
고기 떨어진다.

여우는 큰 힘을 들이지 않고 칭찬 한마디로 까마귀의 먹이를 빼앗을 수 있었네요. 이처럼 칭찬은 비용을 지불하지 않고 경제적 이득을 가져다주는 마력을 가지고 있습니다.

몇 년 전 《칭찬은 고래도 춤추게 한다(Whale Done!: The Power of Positive Relationships)》라는 책이 큰 인기를 모은 적이 있습니다. 어느 대기업의 높은 자리에 있는 사람이 우연히 범고래 쇼를 보게 됩니다. 그런데 사납기로 소문난 범고래가 조련사의 지시를 받고 이리저리 뛰는 모습에 궁금증을 갖게 되었지요. 그러다가 조련사를 유심히 관찰해 보니 범고래가 묘기를 잘 부릴 때는 크게 칭찬을 해서 고래가 칭찬받을 수 있는 동작을 반복할 수 있도록 한다는 사실을 알게 됐습니다.

이 사람은 범고래의 조련 방법을 직장과 가정 내의 인간관계에 적용시키는 연구를 시작했습니다. 그리고 이 연구를 현실에 적극 반영함으로써 뛰어난 기업 간부이자 또 한 가정의 가장으로서 본인의 임무에 충실했다고 합니다.

말 못하는 동물도 춤을 추게 할 만큼 칭찬의 힘은 막강합니다. 사람이라면 누구나 칭찬에 약하기 마련이고 칭찬을 들으면 스스로를 더 자랑스럽게 느끼는 것은 당연하겠죠? 칭찬에는 사람의 마음을 움직이고 신바람 나게 하는 마력이 있습니다. 회사 같은 조직에서도 칭찬이 조직원의 행동과 의사 결정에 큰 영향을 미친다고 하니까 칭찬은 비용이 들지 않는 일종의 '경제적 유인'인 셈입니다.

경제적 유인이라는 말은 동기부여를 목적으로 행하는 자극으로, 종업원의 근로 의욕을 북돋는 각종 포상이나 혜택으로 정의됩니다. 그러니까 경제적 보상이 수반되는 자극 외에 동기부여를 위한 칭찬 같은 것을 포함한다고 할 수 있죠. 요즘은 인센티브(Incentive)라는 말로도 흔히 쓰고 있습니다.

경제적 유인을 이론적으로 설명해 보죠. 경제행위는 선택의 결과라고 배웠습니다. 선택을 할 때에는 이득과 비용을 비교하기 마련인데, 이득을 크게 하고 비용을 적게 해야 만족스러운 경제행위라 할 수 있죠. 그래서 이득과 비용이 변하면 선택의 결과도 달라집니다. 이때 변한 이득이나 비용이 경제적 유인입니다. 그러니까 경제적 유인은 이득을 크게 하거나 비용을 늘림으로써 선택을 바꾸도록 유도하는 것이라고도 할 수 있습니다.

미국의 유명한 경제학자 그레고리 맨큐(N. Gregory Mankiw, 1958~)는 10대 경제 원리 중 하나로 '경제적 유인'을 꼽았습니다. 그는 사람들이 이기심 때문에 '경제적 유인에 민감하게 반응한다'고 정의를 내렸습니다. 만약 이기심이 없다면 경제적 유인이 있어도 반응하지 않겠죠. 이기심이야말로 자본주의 시장경제의 원동력이라고 할 수 있습니다. 그래서 정부나 기업에서는 경제적 유인을 제공해 이기심을 자극함으로써 성과를 이끌어 내곤 합니다.

소기의 목적을 이루기 위한 경제적 유인

최근 정부에서 실행하는 출산 장려 정책이 경제적 유인과 관련이 깊습니다. 새로 결혼한 부부들이 출산을 기피하는 데는 여러 가지 이유가 있겠지만 육아 및 교육에 들어가는 비용이 너무 크다는 게 첫 번째로 꼽히고 있습니다.

뚝 떨어진 출산율은 국가적으로 문제가 됐습니다. 무엇보다 20~30년 후 경제가 큰 어려움에 처하게 될 것이라는 우려의 목소리가 터져 나왔습니다. 인구가 일정 규모는 되어야 경제 규모에 걸맞은 노동력을 공급할 수 있을 테고 소비 시장도 유지할 수 있기 때문입니다. 싱가포르는 잘사는 나라지만 인구 성장이 정체되어 경제성장에 한계가 있습니다. 그만큼 인구는 경제에 아주 중요한 요소입니다.

우리 정부는 고심 끝에 출산을 장려하기 위해 경제적 유인 카드를 뽑아 들었습니다. 아이를 낳을 때 드는 비용을 나라에서 지원하고, 맞벌이 부부를 위한 탁아 시설을 늘리고, 아이가 많은 가정에 주택 분양의 우선권을 주는 것 등입니다. 현재로써는 이 정책이 효과를 거둘지 알 수 없지만 어쨌든 떨어지기만 하던 출산율에 제동이 걸려서 다행이라는 생각이 듭니다.

한편 선택의 비용을 높이는 경제적 유인도 있습니다. '쓰레기 종량제'가 그중 하나입니다. 쓰레기를 줄이는 데 별 관심이 없었던 사람들도 쓰레기봉투를 사는 돈을 아끼기 위해 예전보다 쓰레기를 덜 버리게 되었으니까요. 길거리에 담배꽁초를 버리는 사람에 대해 벌금을 매기는 것도 경제적 유인이라고 볼 수 있습니다.

맨큐의 경제학

미국 하버드 대학교에 그레고리 맨큐라는 경제학자가 있습니다. 이 학자가 1997년에 쓴 《맨큐의 경제학(Principles of Economics)》은 경제를 전공하는 거의 모든 학생들이 읽었을 정도로 유명합니다. 각종 생활 사례와 신문 기사를 통해 '경제의 10대 원리'를 설명하면서 경제 현상을 알기 쉽게 풀이한 것이 특징이죠. 맨큐가 설명하고 있는 경제 기본 원리들을 알아볼까요?

1. 사람은 경제적 유인에 반응한다.
2. 모든 선택에는 대가가 있다.
3. 선택의 대가는 그것을 얻기 위해 포기한 그 무엇이다.
4. 합리적 판단은 한계적으로 이루어진다.

5. 자유거래는 모든 사람을 이롭게 한다.

6. 일반적으로 시장이 경제활동을 조직하는 좋은 수단이다.

7. 경우에 따라 정부가 시장 성과를 개선할 수 있다.

8. 한 나라의 생활수준은 그 나라의 생산 능력에 달려 있다.

9. 통화량이 지나치게 늘면 물가는 상승한다.

10. 단기적으로는 인플레이션과 실업 사이에 상충 관계가 있다.

모두 우리 책에서 배운 내용들이네요.

경기순환의 법칙

봄을 시기한 겨울

사람들은 따뜻한 봄을 좋아하지만 겨울은 싫어했습니다. 그래서 겨울은 사람들이 봄을 아름답다고 칭찬하고 기다리는 것을 매우 못마땅하게 여겼습니다. 그래서 봄에게 시비를 걸고 싶었습니다. 겨울은 봄을 비난했습니다. 봄이 되면 괜스레 마음이 들뜬 사람들이 숲이나 초원을 돌아다닌다고 말이죠. 어떤 사람들은 꽃을 꺾어 연인의 머리에 꽂아 주며, 바람이 불고 비가 내리는 변덕스러운 날씨에도 아랑곳하지 않고 먼 곳에 있는 친구들을 만나러 가는 것이 이해가 안 된다고 했습니다.

"봄만 되면 사람들은 어리석은 행동을 한단 말이야."

그러나 봄은 겨울의 말을 가만히 듣고만 있었습니다. 그러자 겨울은 신이 나서 자신의 힘을 자랑했습니다.

　"나는 모든 것을 내 마음대로 할 수 있어. 사람들로 하여금 추위에 떨면서 감히 사나운 하늘을 쳐다보지도 못하고 땅만 보면서 살게 할 수 있어. 그렇지 않으면 한참 동안 눈 속에 갇혀서 꼼짝도 않고 집만 지키게 할 수도 있어."

　그러자 봄이 너그러운 미소를 지으면서 대답했습니다.

　"사람들은 너를 많이 무서워하지 않는단다. 왜냐하면 네가 심하게 횡포를 부릴수록 따뜻하고 아름다운 봄이 찾아올 시간이 멀지 않았다는 사실을 잘 알고 있기 때문이지."

계절이 바뀌면서 사람들의 일상생활에 영향을 주듯이 경제도 어려워졌다 좋아지는 상황을 반복합니다. 이런 현상을 '경기순환'이라고 합니다. 경기가 좋을 때를 '호경기'라고 하고 나쁠 때는 '불경기'라고 합니다. 계절로 치면 호경기는 봄, 불경기는 겨울이라고 보면 됩니다. 호경기와 불경기는 일정한 주기를 가지고 반복됩니다.

계절이 바뀌듯 순환하는 경기

먼저 호경기가 무엇인지를 살펴보죠. 늘어나는 소비 덕분에 상품이 잘 팔리면 기업은 신이 납니다. 기업은 종업원의 임금을 올려 주고 공장을 열심히 가동합니다. 상품 가격도 상승세를 탑니다. 물가가 오르는 것이죠. 여기까지가 호경기 상황입니다.

그런데 상품 가격이 오르고 소비도 잘 되니 기업은 너도나도 생산을 늘려 가는데, 어느 시점에서는 상품이 너무 많이 생산돼 소비가 못 따라가는 상태가 됩니다. 안 팔리는 물건이 공장에 쌓이겠죠. 이때부터 불경기가 시작됩니다. 기업은 불경기에 투자를 삼가고 임금도 깎습니다. 생산을 줄여 안 팔린 물건을 처분하는 게 시급하기 때문입니다. 이에 따라 물가는 내려가고 돈 쓸 곳이 줄어서 금리도 하락합니다. 금리 하락은 경제에 좋은 영향을 미칩니다. 소비자는 저축보다는 소비에 눈을 돌리고, 기업은 다시 생산을 늘립니다. 이 과정에서 경기는 조금씩 살아나게 됩니다.

이처럼 호경기와 불경기는 서로 자리를 맞바꾸며 순환합니다. 그런데 호경기에서 바로 불경기로 넘어가는 게 아니라 후퇴 국면이 있고 불경기에서 호경기로 갈 때도 회복 국면을 거칩니다. 요약하면 경기순환은 호경기 → 후퇴기 → 불경기 → 회복기의 주기를 갖습니다. 경기순환은 시장의 힘으로 돌아가는 자본주의경제에서는 어쩔 수 없는 것입니다.

정부가 경제를 통제하는 공산주의나 사회주의에서는 경기순환이 일어나지 않습니다. 다만 자본주의 국가에서는 경기가 지나치게 과열되거나 빨리 식게 되면 경제에 주는 충격이 크므로 정부가 나서서 금리를 적당히 올리거나 내려서 경기변동의 속도를 조절합니다.

경기순환

경기순환이 한 주기를 마무리하는 데는 얼마나 걸릴까요? 경제학자마다 조금씩 다른 의견을 가지고 있지만, 대개 단기 순환은 3~4년, 중기 순환은 9~10년, 장기 순환은 50년 정도로 보고 있습니다.

단기 순환은 주로 기업의 재고(안 팔린 물건이 쌓이는 현상) 변동으로 인해 이루어집니다. 중기 순환은 기업의 설비 투자 증감에 의해서 이루어지고, 장기 순환은 전쟁이나 혁명 등 사회변동과 기술 개발에 의해 이루어진다고 합니다. 단기, 중기, 장기적인 경기순환은 각기 따로 돌아가는 게 아니라 장기라는 큰 파동 속에 중기와 단기 순환이 이어지는 게 보통입니다.

분배의 철학

힘센 말과 힘없는 나귀

이 마을 저 마을 돌아다니는 장사꾼에게 말과 나귀가 한 마리씩 있었습니다. 그는 항상 말과 나귀의 등에 많은 물건을 싣고 다녔습니다. 그날도 장사꾼은 물건을 싣고 다른 마을로 이동하고 있었습니다. 마을은 멀리 떨어진 곳에 있었고, 그날따라 짐도 평소보다 무거웠습니다. 장사꾼은 말과 나귀에게 똑같은 무게의 짐을 실었습니다. 말은 덩치도 크고 힘도 세기 때문에 별로 힘들지 않았습니다. 하지만 몹시 지친 나귀는 가만히 서 있는 것조차 힘들었습니다. 나귀가 말을 쳐다보면서 애원했습니다.

"나를 생각해서 자네가 내 짐을 조금 더 지고 가는 게 어떨까? 난 지금 너무 지쳐서 걸어갈 수도 없을 지경이야. 제발 부탁하네."

그러나 말은 벌컥 화를 내면서 말했습니다.

"무슨 소리야? 나도 엄청 힘들단 말이야."

말은 나귀의 부탁을 냉정하게 거절했습니다. 할 수 없이 힘겹게 걸음을 옮기던 나귀는 결국 얼마 걸어가지 못하고 쓰러져 죽고 말았습니다.

"이런! 나귀가 죽어 버렸네. 내가 너무 짐을 많이 실었나? 아마 병이 걸렸었나 보군."

장사꾼은 나귀가 지고 있던 짐을 모두 말에게 옮겨 실었습니다. 그리고 나귀의 가죽을 벗겨서 말 등에 얹었습니다. 결국 말은 처음보다 몇 배나 무거운 짐을 지고 가게 되었습니다. 말은 힘들게 걸음을 옮기면서 이렇게 중얼거렸습니다.

"이렇게 될 줄 알았으면 나귀의 부탁을 들어 줄걸 그랬어. 내가 바보였군."

이 이야기는 강자나 약자나 생명을 유지하기 위해서는 서로가 도와야 한다는 교훈을 전해 줍니다. 강한 자가 자기 욕심만 내고 약자를 돌보지 않으면 함께 망할 수밖에 없습니다. 역사는 이 사실을 잘 보여 주고 있습니다. 많이 가진 자가 없는 자를 지나치게 압박하다가는 결국 자신이 가졌던 기득권마저 잃어버리는 경우가 많았습니다.

옛날 우리나라의 존경받는 부자들은 흉년이 들어 민심이 어지러울 때일수록 곳간 문을 열어 동네의 가난한 사람들이 곡식을 가져갈 수 있게 했답니다. 가난한 사람들은 먹을 것이 없어지면 굶어 죽지 않기 위해 도적으로 변할 것이고, 그렇게 되면 동네의 부잣집은 그들의 표적이 될 수밖에 없기 때문입니다. 사유재산을 보장하고 시장경제를 옹호하는 자본주의가 처음 도입됐을 때, 시장의 기능만 잘 유지하면 경제는 지속적으로 성장할 수 있다는 믿음이 강했습니다.

그런데 사실은 그렇지 못했어요. 1억 원을 가진 사람이나 100만 원을 가진 사람이나 열심히 노력하면 비슷한 정도의 결과를 얻을 수 있을 것이라 생각했지만 그건 잘못된 생각이었습니다. 시간이 갈수록 돈이 많은 사람은 더 많은 돈을 벌었고 없는 사람은 더 쪼들렸습니다. 이른바 '빈부 격차' '빈익빈 부익부'가 발생했던 것이죠. 그래서 자본주의가 가진 문제를 해결하겠다면서 '공산주의'가 등장했습니다.

빈민 계층으로 전락했던 노동자들은 사유재산을 인정하지 않고 공동 생산과 분배를 통해 부의 평준화를 꾀하겠다는 공산주의에 열광했습니다. 공산주의의 이론적 토대를 제공한 카를 마르크스(Karl Heinrich Marx, 1818~1883)는 자본주의가 스스로의 모순에 의해 멸망할 것이며 노동자는 혁명을 일으킬 것이라고 주장했습니다. 자본주의는 탄생 이래 최대의 위기 맞았습니다. 돈 많은 자본가들에게는 불리했던 것이죠.

그래서 대안으로 등장한 정책이 '수정자본주의'입니다. 정부가 어느 정도 시장에 개입해 빈부 격차 문제를 풀어 가자는 것이죠. 대표적인 것이 누진세 제도입니다. 많이 벌수록 많은 세금을 내게 해서 그 세금으로 빈곤 계층을 위한 재투자를 하는 것이죠. 선진 국에서는 복지 제도라는 이름으로 활발하게 실행되고 있습니다.

경제 발전과 함께 온 빈부 격차

빈부의 격차가 커지는 것은 돈이 지닌 속성 때문입니다. 가령 수십억 원을 가진 사람은 은행에 그 돈을 가만히 넣어 두기만 해도 해마다 수천만 원의 이자 소득을 올립니다. 또 부동산이나 주식 등 수익이 높은 상품에 투자해 엄청난 돈을 끌어모을 수도 있습니다. 반면에 돈이 없는 사람은 먹고 살기도 빠듯합니다. 겨우 번 돈으로 하루하루 힘겹게 살아가야 합니다. 다른 수입원이 없다 보니 고용주나 돈 많은 사람에게 끌려다니게 됩니다.

자본은 후손들에게도 대물림될 수 있기 때문에 부자의 후세들은 부자일 가능성이 높고 가난한 사람은 후세들도 가난할 가능성이 높습니다.

국가의 부가 특정 계층에 쏠린다면 사회 불안 요인이 될 수 있습니다. 우리나라도 상위 10% 정도의 계층이 국가 전체 재산의

90%를 차지하고 있다고 합니다. 그동안의 경제발전 덕에 평균적인 삶의 질은 올랐지만 빈부의 격차는 더욱 커졌습니다. 힘세고 건강한 말이 나귀의 짐을 나누어 졌더라면 당장은 힘들었겠지만 결국에는 모두를 이로운 결과를 가져왔을 것입니다. 우리는 이 이야기를 통해 분배의 중요성을 생각하게 됩니다.

성장이냐? 분배냐?

'성장이 먼저냐? 분배가 먼저냐?' 하는 논쟁은 항상 뜨겁습니다. 성장이란 말 그대로 경제발전에 집중하는 것이고, 분배는 경제발전의 혜택이 국민 모두에게 골고루 나눠지도록 경제 정책을 펴는 것입니다.

사실 성장과 분배의 문제는 모든 자본주의 국가가 풀어 가야 할 숙제입니다. 하지만 이들 둘은 '닭이 먼저냐? 달걀이 먼저냐?' 하는 논쟁처럼 모순 관계에 있습니다. 한쪽을 추구하기 위해서는 필연적으로 다른 쪽이 희생해야만 하니까요. 기회비용의 원리를 생각하면 금세 이해될 겁니다. 처음부터 경제발전만 하면 빈부 격차가 생길 수밖에 없습니다. 그렇다고 분배를 먼저 하는 것도 문제가 있습니다. 아무것도 없는 상황에서 분배할 수는 없습니다.

경제성장은 많은 투자와 사업 확대로 이루어지는 것입니다. 정도 이상의 지나친 경제성장은 물가 상승과 같은 부작용을 만듭니다. 분배 또한 지나치면 경제성장이 더 어려워집니다. 이 둘을 잘 조화하는 지혜가 필요합니다.

현대의 모든 국가가 성장과 분배의 적절한 배합에 많은 노력을 쏟고 있습니다. 양쪽이 적절하게 조합될 때 안정적인 경제성장이 가능해집니다.

행복
경제학

물로 뛰어든 토끼와 개구리

어느 날 토끼들이 한자리에 모였습니다. 이런저런 이야기를 나누던 끝에 한 마리가 신세를 한탄하기 시작했습니다.

"우리는 지금까지 독수리나 늑대처럼 무서운 짐승들의 먹이가 되었어."

다른 토끼들도 맞장구를 쳤습니다.

"어디 그뿐인가? 여우나 뱀 같은 짐승들도 틈만 나면 우리의 새끼를 잡아먹기 위해 기회를 노리고 있지."

"이 세상에서 우리처럼 불쌍하고 힘없는 짐승은 없을 거야. 우리는 하찮은 벌레보다도 못해."

"그래! 이대로 살다가는 모두 끔찍한 죽음을 맞게 될 거야."

토끼들은 각자 신세를 한탄하기 시작했습니다. 그러다가 결국 날마다 죽음의 공포에 시달리면서 가슴을 졸이며 살아가는 것보다는 차라리 죽어 버리는 게 더 낫다고 결론을 내렸습니다.

"우리 모두 호수에 가서 빠져 죽자!"

토끼들은 호수에 빠져서 모두 함께 죽어 버리기로 결심했습니다. 흥분한 토끼들은 당장 자리에서 일어나 호수를 향해 우르르 몰려갔습니다.

바로 그때 호숫가 근처에서 살고 있던 개구리들이 느닷없이 몰려오는 토끼들의 요란한 발소리를 듣고 너무 놀라 풍덩풍덩 물속으로 뛰어들어 몸을 숨겼습니다. 그러자 제일 앞에서 뛰어가던 토끼 한 마리가 이 광경을 보고

큰 소리로 외쳤습니다.

"잠깐만 기다려, 친구들아! 쓸데없이 자신의 목숨을 끊는 일을 그만두자. 이리 와서 이 개구리들을 좀 봐. 여기에 우리보다 더 힘없고 겁 많은 동물도 살고 있네!"

얼마 전 신문에서 재미있는 기사를 읽었습니다. 영국의 신경제재단(New Economic Foundation)이 '국가별 행복 지수'를 조사했는데, 중남미 라틴아메리카 국가들이 주요 선진국들을 제치고 가장 행복한 국가 상위권을 휩쓸었다는군요. 중남미 국가들 가운데서도 1인당 국민소득이 6,500달러에 불과한 코스타리카의 행복 지수가 1위에 올랐고, 미국은 114위, 일본이나 유럽 국가들은 50~70위권으로 행복 지수가 낮았습니다. 한국은 세계 143개국 가운데 68위를 기록했습니다.

국민소득이 우리보다 훨씬 못한 코스타리카가 세계 최고의 '행복 부자'라는 사실이 재미있지 않나요?

물론 행복이란 건강과 성격, 소득수준 등에 따른 주관적인 감정이기 때문에 정의하기가 쉽지 않습니다. 하지만 물질적 풍요가 행복의 보증수표는 아니라는 사실을 이 조사 결과는 잘 보여 주고 있습니다. 전문가들도 개인의 행복도가 가진 돈에 비례해 높아지는 것은 아니라는 데 동의합니다. 행복의 증가 속도가 점점 줄어 나중에는 제로가 되는 한계효용 체감의 법칙이 적용된다는 것입니다. 한계효용 체감의 법칙은 앞에서 설명한 바 있죠? 실제로 선진국의 개인 만족도는 지난 40년 동안 개인당 평균 소득이 꾸준히 증가했음에도 불구하고 거의 변함이 없었다는 연구 결과가 있습니다. 왜 소득과 행복은 한계효용 법칙이 적용되는 것일까요?

행복 경제학을 위해서

그것은 욕심 때문입니다. 돈은 벌게 됐지만 인간이 가지고 있는 무한한 욕심 때문에 소득에 비례해 기대도 함께 높아지는 것이죠. 이를테면 같이 성공한 그룹 안에서 다른 사람이 더 성공적이라고 인식하면 성공한 사람도 불행해질 수 있습니다. 또 행복은 물질을 분자, 욕망을 분모로 하는 공식(행복＝물질÷욕망)으로 표시할 수 있습니다. 따라서 물질이 아무리 증가하더라도 욕망의 증가 속도가 더 빠르면 행복하기는커녕 욕구 불만만 쌓이고 불행해집니다.

그렇다면 행복의 첫 번째 조건은 무엇일까요? 많은 학자들은 개인의 행복에는 소득보다 '만족스런 관계'가 더 중요한 영향을 미친다고 주장합니다. 그래서인지 자원봉사를 하는 기혼 남성이

승진을 위해 몸을 혹사하는 이혼 남성보다 더 행복함을 느낀다고 하는군요. 만족스런 관계는 서로의 신뢰 속에서 맺어집니다. 코스타리카 사람들 역시 서로가 의심하지 않고 믿기 때문에 가난하더라도 삶의 기쁨을 느끼는 것입니다.

GDP와 GNP

GDP는 Gross Domestic Product의 약자로 한 나라 안에서 만들어진 모든 생산물을 시장가치로 합산한 것으로 국내총생산을 뜻합니다. GDP는 나라 경제가 잘 돌아가느냐의 여부를 가늠할 수 있는 경제지표입니다.

그럼 GDP를 어떻게 계산하는지 살펴볼까요?

농부가 밀을 재배하여 땅값, 임금, 이자, 농기계의 감가상각(減價償却) 등의 비용에 이윤을 더해 제분업자에게 100만 원을 받고 팔았습니다. 제분업자는 이 밀을 밀가루로 만들어 비용과 이윤을 감안해 제빵업자에게 180만 원에 팝니다. 제빵업자는 이 밀가루로 빵을 만들어 소비자들에게 200만 원어치의 빵을 만들었습니다.

이 경우에 GDP를 계산할 때는 최종생산물인 빵의 가격만 들어가고 밀과 밀가루의 값은 제외됩니다. 왜냐면 중간생산물을 더하면 생산물의 가치가 이중으로 계산되기 때문이죠. 즉 180만 원의 밀가루에는 밀의 가격 100만 원이 이미 포함되었으며, 200만 원어치의 빵에는 180만 원의 밀가루 가격과 100만 원의 밀의 값이 들어가 있는 셈이죠. 보통 한 나라의 경제가 얼마나 성장한다고 말할 때는 이 GDP의 증가를 의미한답니다.

GNP(Gross National Product)는 GDP와 더불어 경제성장의 지표로 활용됩니다. GDP는 국가의 총 생산물을 영토적인 개념에서 파악하는 데 반해 GNP는 국적의 개념을 갖습니다. 이를테면 일본에 거주하는 대한민국 사람이 벌어들인 소득은 대한민국의 GNP에는 포함되지만 GDP에서는 빠집니다. 반대로 서울에 거주하는 미국인이 생산한 것은 우리나라의 GDP 계산에 들어가지만, GNP에는 포함되지 않습니다. 세계화가 진행되면서 GNP보다는 GDP가 더 유용한 경제지표로 사용되고 있습니다.